Brigitte – MÄDCHEN

MÄDCHEN

Ein Ratgeber für die Jahre zwischen 12 und 16

VON SABINE SCHWABENTHAN UND VIVIAN WEIGERT

MIT ILLUSTRATIONEN VON MARTINA BLUME

Ein Brigitte-Buch
im Mosaik Verlag

Die Autorinnen:

Sabine Schwabenthan war viele Jahre lang Redakteurin und stellvertretende Chefredakteurin einer großen Elternzeitschrift. Sie arbeitet heute als freie Journalistin in München und hat zwei Kinder.

Vivian Weigert leitete zehn Jahre lang das Münchner Zentrum für Geburtsvorbereitung. Sie lebt jetzt in Kanada und hat einen Sohn.

Fotos: O. Krönke (Titel und 4); S. Albrecht (5); F. Grimm (1); Magnus (1); J. Tisné (3)

Herausgeberin: Anne Volk
Lektorat: Marita Heinz
Gestaltung & DTP: Büro Dietmar Meyer
Lithografie: Offset Reprotechnik, Hamburg
Druck: Mohndruck, Gütersloh
Produktion: Bernd Bartmann, Druckzentrale G+J
Copyright 1993: Mosaik Verlag GmbH, München
Gruner + Jahr AG & Co, Hamburg
543
Printed in Germany ISBN 3-576-08056-2

INHALT

I. KÖRPER UND SEELE WERDEN ERWACHSEN

Wann beginnt die Pubertät ?

◆ *Geheimnisvolle Anfänge.* ◆ *Was ist das erste Signal?*
◆ *Warum sind manche früher, manche später dran?*

Warum ausgerechnet ich?

SONJA, 16: „Mit vierzehn hatte ich immer noch nicht die Tage. Meine ältere Schwester sagte: Sei froh, so toll ist das doch gar nicht mit den Tagen. Aber es gab doch eine Zeit, wo ich mich richtig ausgeschlossen gefühlt habe aus der Klasse. Davor hatte ich nämlich zu denen gehört, die das Sagen haben."

BIRGITTA, 17: „Ich hab' schon mit elf einen Busen gekriegt. Ziemlich groß. Da habe ich mich geschämt und gedacht, warum muß das ausgerechnet bei mir so sein…"

Erkennst Du Dich in einem dieser beiden Mädchen wieder? Umfragen bei Teenagern haben immer wieder deutlich gezeigt, wie groß der Einfluß der Gruppe jetzt ist. Schwierig zu ertragen scheint, wenn man aus der Gruppe von Gleichaltrigen herausfällt – also als erste und lange vor den anderen in die Pubertät kommt oder im Gegenteil zu den „Schlußleuchten" gehört. Egal, wie schwierig es im Einzelfall sein mag: Mach Dir klar, daß Pubertät etwas ist, das von selbst geschieht – sie ist keine persönliche Leistung und vor allem kein Zeichen irgendeines Fehlers oder Versehens.

Wahrscheinlich hat Dich niemand direkt danach gefragt, aber Du hast mehr als einmal mitbekommen, wie Deine Eltern gefragt wurden: Ist *sie* schon in der Pubertät? Hat es bei *ihr* auch schon angefangen? Und der Tonfall ließ deutlich heraushören, daß die Erwachsenen unangenehme Erwartungen mit dieser Lebensphase verbinden. Und es stimmt ja auch: Die Pubertät ist eine Zeit großer Unruhe – in der Seele, im Körper und damit zwangsläufig auch im Umgang mit Eltern und Geschwistern.

Pubertät – was heißt das eigentlich?

Als Pubertät bezeichnet man die körperliche und seelische Wandlung eines Kindes zum Erwachsenen. Während der Pubertät wird ein Mädchen „geschlechtsreif" – das heißt, sie kann schwanger werden und Kinder bekommen. Als abgeschlossen gilt die Pubertät, wenn der Monatszyklus regelmäßig ist und in den meisten Zyklen ein Eisprung stattfindet (siehe Seite 24). Dieses Stadium ist heute mit durchschnittlich 16 oder 17 Jahren erreicht. Der Beginn der Pubertät ist nicht so leicht zu erkennen. Viele betrachten die erste Menstruation als den Auftakt beim Mädchen (bei Jungen: der Stimmbruch oder der erste Samenerguß). Aber in Wirklichkeit setzt die Entwicklung schon sehr viel früher und sehr behutsam ein. Bei den meisten Mädchen beginnen die Eierstöcke schon vor dem zehnten Geburtstag mit der Produktion von Geschlechtshormonen – nur sind die körperlichen und seelischen Konsequenzen dann noch nicht sichtbar oder spürbar. Die ersten körperlichen Veränderungen kannst Du irgendwann zwischen dem 11. und 14. Geburtstag beobachten. Übri-

gens: Im allgemeinen starten Mädchen früher als Jungen – bei denen geht es erst zwischen dem 12. und dem 14. Geburtstag los.

Frühstarter und Spätzünder

Noch in der Generation Deiner Großmütter hatte das Wort frühreif etwas Anrüchiges. Entwickelte sich ein Mädchen auffällig früh, galt sie von vornherein als moralisch gefährdet, blieb sie dagegen lange kindlich, war man froh über ihre „Unschuld". Dabei hat es überhaupt nichts mit dem Charakter eines Menschen zu tun, wie früh oder spät die Pubertät beginnt. Und der Zeitpunkt sagt auch nichts darüber aus, wie „sexy" man ist oder sein wird. Er ist in erster Linie ererbte Veranlagung – eine Sache des genetischen Programms, das man von Mutter oder Vater mitbekommen hat. Kommt ein Mädchen also eher früh (vor dem 12. Geburtstag) oder auffallend spät (nach dem 14. Geburtstag) in die Pubertät, entspricht das meistens der „Familientradition" – der mütterlichen oder väterlichen Linie.

Neben den Erbfaktoren spielen auch kulturelle, soziale und vielleicht sogar klimatische Bedingungen eine Rolle. Anfang dieses Jahrhunderts bekamen Mädchen ihre erste Regel mit durchschnittlich vierzehn Jahren – heute liegt das Durchschnittsalter dafür bei zwölfeinhalb Jahren. Weniger körperliche Arbeit in der Kindheit und eine bessere Ernährung gelten als mögliche Ursachen für diese Entwicklung. Schließlich können auch noch ganz individuelle Faktoren eine Rolle spielen: Mädchen, die in der Kindheit lange oder schwer krank waren, sind oft insgesamt ein wenig zurück – also zunächst auch in ihrer geschlechtlichen Entwicklung. Einen wichtigen Einfluß spielt vor allem das Körpergewicht: Untergewichtige Mädchen kommen später in die Pubertät als Mädchen mit Normal- oder auch etwas Übergewicht.

Wandlungen: Wie der Körper weiblich wird

◆ *Die neuen Formen.* ◆ *Die inneren Organe.* ◆ *Das Zusammenspiel der Hormone.* ◆ *Haare an unmöglichen Stellen.* ◆ *Warum Wachsen manchmal weh tut.*

Fast unmerklich hat Dein Körper damit begonnen, vermehrt Geschlechtshormone herzustellen. Als Folge davon fangen die Eierstöcke an zu wachsen und ihrerseits Hormone abzugeben. Und das wiederum regt die Entwicklung der inneren Organe sowie das Wachstum der Muskeln und Knochen an.

Das erste Signal: Der Busen wächst.

Zuerst sieht man es meist an den Brustwarzen: Sie werden ein wenig größer und fester und der Warzenhof bekommt eine etwas dunklere Färbung. Unter dem Einfluß des Weiblichkeitshormons Östrogen (siehe Kasten rechts) entwickeln sich die Brustdrüsen, die seit der Geburt eine Art Dornröschenschlaf hielten und jetzt in kurzer Zeit das Wachstum nachholen müssen, das die anderen Organe bereits geschafft haben. Manche Mädchen spüren dabei in zyklischen Abständen ein fast schmerzhaftes Ziehen und Pochen – so wie erwachsene Frauen an den Tagen vor der Monatsblutung. Weil die Drüsen stoß- und druckempfindlich sind, bildet sich ein schützendes Fettgewebe – die Brüste schwellen. Größe und Form werden ausschließlich von der Menge an Fettgewebe und der Struktur des Bindegewebes be-

Hormone – die heimlichen Drahtzieher

Hormone sind Substanzen, die in verschiedenen Körperdrüsen gebildet werden und auf bestimmte Organe einwirken. Damit sie an der richtigen Stelle wirksam werden, haben die Organe sogenannte Rezeptoren – das sind Empfänger, in denen die Hormonbotschaft aufgenommen und entschlüsselt wird. Gesteuert wird das Spiel der Hormone von einer großen Drüse im Hirn (der Hypophyse), die wiederum ihre Befehle von einem etwa walnußgroßen Teil des Zwischenhirns (Hypothalamus) erhält. Hier, in dieser obersten Kommandozentrale, laufen ständig Botschaften der verschiedenen Organe ein – so daß die Hormonproduktion je nach Bedarf gedrosselt oder gesteigert werden kann.

Für die Veränderungen im Körper während der Pubertät und für den komplexen Vorgang des Monatszyklus sind die sogenannten weiblichen Geschlechtshormone zuständig: ÖSTROGEN und GESTAGEN. Sie werden hauptsächlich in den Eierstöcken gebildet und von dort aus an den Körper abgegeben. Die Produktion dieser Hormone wird durch bestimmte Hormonbotschaften aus der Hypophyse in Gang gesetzt.

15

Zu groß, zu klein?

Wenn der Busen wächst, kommt auch unweigerlich die Frage: IST ER EIGENTLICH SCHÖN GENUG? Viele Untersuchungen haben gezeigt: Die wenigsten Mädchen und Frauen sind mit ihrer Oberweite wirklich zufrieden. Was eigentlich nur beweist, wie stark wir alle unter dem Einfluß kulturell bedingter Schönheitsideale stehen. Denn Größe und Form der Brust sagen wirklich nichts über die Potenz und Weiblichkeit einer Frau aus. Leider läßt sich das Aussehen der Brust kaum auf natürliche Weise verändern, weder durch Sport noch durch Ernährung. Wer sich einen größeren Busen „anessen" möchte, stellt oft fest, daß man überall zunimmt, nur nicht an der gewünschten Stelle. Bei übergewichtigen Mädchen allerdings kann – mit einer Diät – auch der Busen geringfügig kleiner werden.

Am besten ist wohl zu lernen – vielleicht entgegen alle herrschenden Schönheitsideale –, DEN EIGENEN BUSEN SCHÖN ZU FINDEN. Die operative Vergrößerung eines zu kleinen Busens ist ein Eingriff, dessen Risiken sich trotz neuer Techniken nicht abschätzen lassen. Die Verkleinerung ist vergleichsweise unproblematisch und wird unter Umständen sogar von den Kassen bezahlt. Aber auch ein solcher Eingriff darf nicht vorgenommen werden, bevor ein Mädchen ausgewachsen ist.

stimmt – und diese Faktoren sind wiederum erblich bedingt. Du „erbst" aber nicht in jedem Fall den Busen Deiner Mutter – vielleicht kommst Du ganz nach den Frauen in der Familie Deines Vaters. Während dieser Entwicklungsphase kann mal die linke, mal die rechte Brust vorübergehend größer sein. Das gleicht sich weitgehend wieder aus. Absolut symmetrisch sind die Brüste jedoch nie, auch nicht bei einer „fertigen" Frau.

Übrigens: Nicht nur der Busen wächst – die ganze Figur rundet sich jetzt, wird weiblicher. Vor allem an Po und Hüften und Oberschenkeln sammelt sich mehr Fettgewebe an. Nicht nur, weil sich bereits vorhandene Polster neu verteilen, sondern weil – unter dem Einfluß des Östrogens – auch neue gebildet werden. Die Ansammlung von Fettdepots ist kein lästiges Versehen der Natur, die Du Dir sobald wie möglich abhungern mußt – sie ist Voraussetzung dafür, daß der Monatszyklus in Gang kommen kann.

Die Körperhaare sprießen.

Meistens beginnt es auf dem Venushügel – plötzlich sprießen dort ein paar Schamhärchen. Allmählich wird die behaarte Stelle größer und nach etwa zwei Jahren ist das ganze Dreieck mit einem wuscheligen, krausen Pelz bedeckt. Oft ist auch der Oberschenkelansatz behaart, und ein paar Härchen wachsen in Richtung Bauchnabel hoch. Etwa zur gleichen Zeit geht es unter der Achsel los, und irgendwann werden dann vielleicht auch die Härchen auf den Beinen dichter und dunkler.

Warum wir Menschen an diesen Stellen ein paar Fellüberbleibsel haben, dafür gibt es unter Fachleu-

ten unterschiedliche Erklärungen. Grundsätzlich schützt Behaarung vor Wärmeverlust. Haare in und um Körperöffnungen (Nase, Ohren, Augen, Vagina) haben vermutlich auch die Aufgabe, vor Infektionen zu schützen und das Eindringen von Fremdkörpern zu verhindern. Und schließlich haben speziell die Schamhaare (Achsel und Vagina) auch eine sexuelle Funktion: In ihnen können die Pheromone besser haften bleiben – das sind Duftstoffe, die der Körper einer erwachsenen Frau ausscheidet und die sexuell stimulierend auf das männliche Geschlecht wirken, auch wenn sie gar nicht bewußt wahrgenommen werden. Egal, wie natürlich und sinnvoll die Körperbehaarung sein mag: Ihr allmähliches Erscheinen wird von vielen Mädchen mit sehr zwiespältigen Gefühlen beobachtet. Denn, anders als etwa der Busen, gelten Körperhärchen in unserer Kultur nicht als ästhetisch. Es ist eine Frage, die jede Frau für sich selber entscheiden muß, ob sie sich diesem Schönheitsideal beugt oder nicht.

Auch innen wird vieles anders.

Daß der Körper äußerlich weiblich wird, hast Du vielleicht schon gesehen und gespürt. Aber auch im Körperinneren sind die Eierstöcke und die Gebärmutter unter dem Einfluß der Hormone aus ihrem Dornröschenschlaf aufgewacht.

Die Eierstöcke: Irgendwann sind die ersten feinen Hormonbotschaften aus dem Hypothalamus dort angekommen und „verstanden" worden (siehe Kasten auf Seite 15). Die Eierstöcke haben sich entfaltet und ihre Arbeit aufgenommen.

Die Gebärmutter: Bei der Geburt ist dieses mus-

Weibliche Scham

Wir leben in einer Zeit, die weniger körperliche und sexuelle Tabus kennt als die meisten Zeiten davor. Den Anblick eines nackten Körpers finden wir nicht mehr anstößig oder unmoralisch. Vielleicht ist in Deiner Familie – wie in den meisten heute – ein offener Umgang üblich: Ihr verbergt Euch nicht schamhaft voreinander, haltet Euch gemeinsam im Badezimmer auf. Aber egal wie selbstverständlich Du bisher mit Nacktheit umgegangen bist – es ist gut möglich, daß Du jetzt zurückhaltender wirst. Du möchtest ungestört im Badezimmer sein und bedeckst Dich, wenn jemand überraschend in Dein Zimmer kommt. Das ist keine altmodische Ehrpusselei, sondern ein ganz natürliches Gefühl. Scham ist immer auch Schutz. Schutz vor neugierigen Blicken, Aufdringlichkeit, ungewollter Intimität. Folg' Deinem Gefühl. Auch wenn Deine Geschwister Dich vielleicht verspotten.

kulöse Hohlorgan nur etwa so groß wie eine Pflaume und hat sich in den ersten Lebenswochen dann sogar noch etwas zurückgebildet (weil die Hormone aus dem Organismus der Mutter, die das Neugeborene noch mitbekommen hat, dann abgebaut wurden). In der Pubertät beginnt auch sie zu wachsen. Sie wird etwa birnengroß und liegt – von der Scheide aus gesehen – schräg nach vorne im Körper. Der sogenannte Gebärmutterhals entspricht dem unteren, dünnen Teil der Birne.

Wachsen – die letzten Schübe nach oben

Es sind spezielle – von der Hirnanhangdrüse gesteuerte – Wachstumshormone, die den Organismus zur Vermehrung der Knochenzellen anregen: Das Kind wächst sich aus – heißt es im Volksmund. Die Wirbelsäule, Arme und Beine strecken sich. Die kindlichen Proportionen verschwinden, auch das Gesicht wird länglicher, erwachsener.

Das Pubertätswachstum geschieht jedoch nicht allmählich, sondern schubweise. Bei Mädchen beginnen diese Schübe heute durchschnittlich im Alter von neun Jahren und neun Monaten und enden mit 14 Jahren und sechs Monaten. Am stärksten schießen die meisten Mädchen in der Zeit um den 12. Geburtstag in die Höhe. Ein Anhaltspunkt für die endgültige Körpergröße: Nach der ersten Regelblutung wachsen Mädchen im Durchschnitt noch um knapp acht Zentimeter.

Weil das Wachstum oft in heftigen Schüben erfolgt, wirken Mädchen (und Jungen) in der Pubertät streckenweise unproportioniert – mal sehen die Arme zu lang aus, mal sind die Füße zu groß, und dann

Was hilft bei Wachstums-beschwerden?

◆ GEGEN SCHMERZEN: leichte Massage, Abreiben mit Melissengeist oder Franzbranntwein, feucht-warme Umschläge.

◆ GEGEN KREISLAUFSTÖRUNGEN: Sport, trockenbürsten und kalt/warm duschen, morgens nicht aus dem Bett springen, sondern genüßlich räkeln, vitamin- und mineralstoffreiche Ernährung, eventuell entsprechende Präparate vom Arzt verschreiben lassen.

wieder tritt die Nase unverhältnismäßig hervor. Unangenehmer als diese kleinen optischen Verschiebungen, die sich schnell wieder ausgleichen, können Kreislaufstörungen und Wachstumsschmerzen sein. Fast alle Mädchen haben irgendwann während der Entwicklungsphase in leichter Form damit zu tun, und für etwa 18 Prozent sind die Beschwerden so unangenehm, daß Hilfe nötig wird. Die mögliche Ursache für Wachstumsschmerzen: Wenn die Knochen unterschiedlich schnell wachsen, entstehen winzige Verschiebungen in den Wachstumsfugen – das erzeugt Spannungen.

Eine weitere mögliche Begleiterscheinung des raschen Wachstums: niedriger Blutdruck und als Folge davon Kreislaufstörungen. Typische Anzeichen: Blässe, Müdigkeit am Morgen und Konzentrationsschwäche. Erst am Abend wird man richtig munter, geht daher oft zu spät schlafen und wird erst recht morgens nicht wach.

Dürfen Mädchen sich da unten anfassen?

Glücklicherweise sind die Zeiten vorbei, als man Mädchen erfolgreich einredete, die Scheide sei „schmutzig". Die meisten Eltern finden es heute ganz normal, daß sich ihr Kind an den Geschlechtsteilen berührt. Trotzdem empfinden viele junge Mädchen Scheu oder haben Angst, sich zu verletzen. Es ist gut, einmal ganz systematisch und behutsam diesen Bereich mit den Fingern zu erforschen und kennenzulernen:

◆ DIE SCHEIDE (Vulva): Bei leicht geöffneten Beinen kannst Du die äußeren, behaarten Schamlippen sehen und tasten. Darunter liegen die sehr feinen und empfindsamen inneren Schamlippen.

◆ DIE KLITORIS liegt wie eine Perle an der Stelle, wo die Schamlippen oben zusammenkommen. Sie ist ein einzigartig empfindliches Organ – nur dazu da, um sinnliche Lust zu spenden.

◆ DAS JUNGFERNHÄUTCHEN (Hymen): Das elastische Häutchen schließt den Eingang zur Vagina, aber durch eine dehnbare Öffnung kann das Menstruationsblut abfließen.

◆ DIE VAGINA UND DER GEBÄRMUTTERHALS: Manchmal ist die Öffnung im Hymen so elastisch, daß Du einen oder zwei Finger einführen kannst. Das tut nicht weh und ist auch nicht gefährlich. Dann kannst Du fühlen, wie tief die Vagina ist und wie das untere Ende der Gebärmutter in sie hineinragt.

Jeden Monat: besondere Tage

◆ *Die erste Menstruation.*   ◆ *Wie geht es danach weiter?*
◆ *Was ist ein Zyklus?*   ◆ *Seelische Begleiterscheinungen und normale Unregelmäßigkeiten.*   ◆ *Was hilft, wenn die Tage weh tun?*   ◆ *Wann muß ein Mädchen zum Frauenarzt?*

Es ist ein großes Ereignis für jedes Mädchen, wenn zum erstenmal Monatsblut fließt. Eine Art Geburtstag, über den sie sich freut – und doch vielleicht auch ein bißchen unglücklich ist. Je besser Du weißt, was jetzt in Deinem Körper vorgeht und warum Du so widersprüchliche Gefühle hast, desto positiver wird diese Erfahrung für Dich sein.

Das erste Mal – wann und warum?

Irgendwann zwischen dem 11. und 15. Geburtstag ist es soweit: Die Eierstöcke haben es geschafft, zum erstenmal so viel Östrogen abzugeben, daß die Gebärmutter vorsichtshalber eine dicke Schleimschicht in ihrem Inneren aufgebaut hat, die dann wieder ausgestoßen werden muß. Es kommt zur ersten Monatsblutung (der Fachausdruck für diese Premiere: Menarche). Ein paar Anhaltspunkte, wann es soweit sein wird:

• etwa zwei Jahre, nachdem Deine Brüste angefangen haben zu wachsen;

• etwa ein Jahr nach dem Wachsen der ersten Schamhaare;

• und vor allem: wenn Dein Körpergewicht die „magische Schwelle" von 43 bis 47 Kilogramm erreicht hat. Wie ausschlaggebend das Gewicht einer Frau für den Beginn der Monatsblutungen, aber später auch für das Aufrechthalten eines normalen Zyklus ist, weiß man erst seit zwanzig Jahren. Entsprechende Beobachtungen und Vermutungen gibt es jedoch schon lange (siehe Kasten links). Nachgewiesen ist inzwischen auch, daß Frauen in Hungerperioden keine fruchtbaren Zyklen also regelmäßigen Eisprünge mehr haben.

Eine mögliche Erklärung dafür: So hat die Natur sichergestellt, daß Frauen nur dann schwanger werden können, wenn in ihrem Körper so viele Kalorien und „Fettreserven" gespeichert sind, daß sie ein Kind gesund austragen und nicht gefährlich untergewichtig auf die Welt bringen.

Wie regelmäßig geht es weiter?

Von der ersten Menstruation bis zum Entstehen eines sogenannten regelmäßigen Zyklus vergehen noch einige Monate oder Jahre. Denn es braucht Zeit, bis sich dieser komplexe Vorgang wirklich einspielt. Als regelmäßig gilt der Zyklus, wenn Du dabei einen Eisprung hast und die Monatsblutung in relativ gleichbleibenden Abständen kommt. „Offiziell" beträgt dieser Abstand 28 Tage. Aber das ist nur ein Durchschnittswert – in Wirklichkeit liegt die normale Zyklusdauer zwischen 25 und 32 Tagen. Hier die wichtigsten Fakten:

Die ersten zwei bis drei Zyklen eines jungen Mädchens verlaufen fast immer noch ganz ohne Eisprung. Danach kommt es alle zwei bis drei Monate zum Eisprung. Wann (fast) jeder Zyklus fruchtbar sein wird, ist bei jedem Mädchen verschieden. Bei den meisten ist es spätestens mit 18 soweit.

Gewichtige Startbedingungen

♦ Landmädchen bekamen nach einer Aufzeichnung aus dem 17. Jahrhundert erst mit 18 bis 20 Jahren ihre Tage – einige Jahre später als Stadtmädchen. Erklärung der damaligen Gelehrten: Die Stadtbewohner aßen mehr und fetter als die Landbevölkerung.

♦ Bei Turnerinnen und Tänzerinnen, die aus beruflichen Gründen sehr dünn sein müssen, wird der Monatszyklus unregelmäßig oder setzt ganz aus.

♦ In Pakistan und Indien wurden die Töchter armer Leute oft bewußt unterernährt, um ihre erste Menstruation und die darauf folgende kostspielige Hochzeit hinauszuzögern.

♦ Bei Mädchen aus Westeuropa kommt die erste Menstruation häufiger im Winter als im Sommer. Mögliche Erklärung: Im Winter neigt der Körper zu mehr Fettansammlungen.

In den ersten zwei oder drei Jahren ist der Zyklus des Mädchens oft länger als in späteren Jahren (35 Tage oder noch länger). Gelegentlich wird die erwartete Blutung auch einfach „übersprungen". Sobald ein Mädchen sexuelle Kontakte hat, wird der Zyklus regelmäßiger.

Mit zunehmendem Alter pendelt sich der Zyklus bei fast 90 Prozent aller Frauen auf einen relativ zuverlässigen Rhythmus ein. Abweichungen von ein oder zwei Tagen von der gewohnten Dauer sind völlig normal. Am regelmäßigsten ist der Zyklus in den Jahren zwischen 25 und 40. Ob eine Frau kürzere oder längere Zyklen hat, ist genetisch festgelegt.

Auf einen Blick:
die Geheimnisse
des Zyklus

Auf einen Blick: die Geheimnisse des Zyklus

Sobald der Zyklus sich regelmäßig eingependelt hat, vollzieht sich jeden Monat aufs neue ein komplexer Kreislauf im Körper der Frau. Gesteuert wird er von vielen Hormonen, die wie kleine Zahnräder einer Uhr ineinandergreifen und das Uhrwerk in Bewegung halten. Das Zentrum dieser Aktivität liegt nicht im Bauch, sondern im Gehirn – im Hypothalamus (einem Teil des Zwischenhirns) und in der Hirnanhangdrüse (Hypophyse).

● DIE ERSTE ZYKLUSHÄLFTE: Die Hypophyse schickt ein bestimmtes Hormon zu den Eierstöcken. Nach bisher noch ungeklärten Gesetzen wird daraufhin einer der beiden Eierstöcke aktiv: Eine oder mehrere darin angelegte Eizellen beginnen zu reifen. Sie sind von einer Hülle – dem Follikel – umgeben, die sie schützt und jetzt damit beginnt, das Hormon Östrogen zu produzieren. Dieses Hormon regt den Organismus an, Vorsorge für eine eventuelle Schwangerschaft zu treffen: Die oberste Schleimhautschicht in der Gebärmutterhöhle wächst zu einem dicken, weichen Polster. Wenn die Eizellen reif sind für den „Sprung" (Ovulation), bildet der Follikel ein zweites Hormon – Progesteron. Alle diese Vorgänge nehmen – je nach Länge des individuellen Zyklus – 10 bis 18 Tage in Anspruch.

Aufregungen, Krankheiten, Ortswechsel können in jedem Alter auch einen bereits gut eingespielten Rhythmus kurzfristig durcheinanderbringen.

Der Tag, wenn die Regel kommt

Kaum ein Mädchen wird heute noch von den Vorgängen bei der Menstruation überrascht, kaum eines weiß nicht wenigstens annähernd Bescheid, was im Körper geschieht. Trotzdem bleibt immer ein Unterschied zwischen theoretischem Wissen und dem tatsächlichen Erlebnis. Und so haben auch aufgeklärte Mädchen meist zwiespältige Gefühle, wenn sie zum ersten Mal bluten. Wenn es auch für Dich so war oder ist, helfen Dir sicher folgende Überlegungen:

Blut war für die Menschen früherer Zeiten ein „magischer Saft", und das Fließen von Blut galt auch für junge Männer als Zeichen des Erwachsenwerdens. So fügten sich bei vielen Naturvölkern heranwachsende Jungen symbolische Wunden zu, um damit zu zeigen, daß sie Männer wurden. Für uns jedoch ist Blut oft nur noch ein Symptom für Krankheit oder Verletzung – also in erster Linie ein Schrecksignal, oft auch Auslöser von Ekel. Auch wenn Du mit dem Verstand weißt, daß die Monatsblutung ein gesunder Vorgang ist, wirst Du Dich deshalb gefühlsmäßig erst an den Anblick und den Geruch von Menstruationsblut gewöhnen müssen.

Wendepunkte im Leben – und dazu gehört die erste Menstruation – lösen immer zwiespältige Empfindungen aus. Auch wenn Du danach gefiebert hast, endlich erwachsen zu werden, kannst Du jetzt vielleicht zum ersten Mal deutlich spüren, daß dieser Schritt auch Abschied bedeutet – Abschied von der vertrauten und geschützten Welt der Kindheit.

In sexuellen Fragen ist unsere Zeit freizügiger und unerschrockener als alle Jahrhunderte davor. Menstruation jedoch hat immer noch etwas leicht Anrüchiges. Sie ist etwas, das man verbirgt. Wenn Du Binden oder Tampons in der Apotheke kaufst, wird man sie Dir ungefragt diskret verpacken. Und geworben wird für diese Produkte immer noch mit Slogans wie: So sieht und spürt man nichts davon. Schamgefühle in Verbindung mit intimen Vorgängen sind zwar gut und natürlich (siehe Seite 18), Peinlichkeitsgefühle jedoch wirken belastend. Es ist gut möglich, daß Du anfänglich mit solchen Gefühlen zu kämpfen hast, denn auch die bestgemeinte Aufklärung durch Mutter, Schwester oder Lehrerin ist oft nicht ganz frei davon gewesen. Gib Dir einfach ein bißchen Zeit! Mit zunehmender Erfahrung wächst Dein Selbstbewußtsein – auch in dieser Frage.

In den meisten früheren Kulturen wurde das Eintreten der ersten Menstruationsblutung bei einem Mädchen mit bestimmten Ritualen und Zeremonien gefeiert. Heute gibt es so etwas nicht mehr – dafür aber große Unsicherheit, ob und wie das Ereignis gewürdigt werden sollte. Diskret verschweigen? Nur der Mutter und der besten Freundin etwas davon sagen? Oder die ganze Familie einweihen? Die richtige Antwort hängt vom Familienklima ab, vom Umgang der Familienmitglieder miteinander, vom Verhältnis zu den Eltern. Wichtig ist in jedem Fall, daß Du mit einem Menschen, dem Du vertraust, über Deine Gefühle und Fragen sprechen kannst. Wenn Du zur Zeit keinen wirklich guten Draht zu Deiner Mutter hast, sprich mit einer gleichaltrigen Freundin darüber.

◆ DIE MITTE DES ZYKLUS: Sobald eine bestimmte Konzentration von Östrogen und Progesteron erreicht ist, schüttet die Hypophyse ihrerseits ein Hormon aus – was wiederum (vermutlich) das Signal gibt für den Eisprung. Die Hülle um eine (oder auch zwei) der herangereiften Eizellen springt auf – das Ei schwebt frei in den Bauchraum aus, wird vom entsprechenden Eileiter aufgefangen und wandert in Richtung Gebärmutter. Trifft es in dieser Zeit auf eine männliche Samenzelle, kommt es zur Befruchtung. Im anderen Fall löst sich das Ei acht bis zwölf Stunden später wieder auf.

◆ DIE ZWEITE ZYKLUS-HÄLFTE: Die im Eierstock verbliebene Eihülle produziert weiterhin das Hormon Progesteron in großen Mengen und etwas weniger Östrogen. Progesteron stellt die Muskelwand der Gebärmutter ruhig, so daß sich die eventuell befruchtete Eizelle ungestört in ihr einnisten kann. Bekommt der Eierstock nicht um den 21. Zyklustag herum das Signal von der Gebärmutter, daß sich ein Ei eingebettet hat, wird die Produktion von Östrogen und Progesteron eingestellt. Die Folge: Die frisch aufgebaute Schleimhaut in der Gebärmutter baut sich ab und beginnt sich zu lösen, die Blutung beginnt. Vom Tag des Eisprungs bis zum Einsetzen der Menstruation vergehen durchschnittlich 14 Tage.

Die richtige Pflege an den Tagen und dazwischen

Tägliches Duschen oder Waschen der sogenannten Intimzone (Vagina, Schamlippen und Klitoris) genügt auch in den Tagen der Menstruation. Heiße Bäder sind bei sehr starker Menstruation nicht empfehlenswert – sie würden die Blutung noch mehr anregen. Besondere Pflegemittel, wie etwa Vaginal-Sprays, sind für die Vagina nicht notwendig – außer Du hast Spaß daran, diesem Körperteil ab und zu etwas Extra-Zuwendung zu geben, indem Du in die äußeren Schamlippen ein schönes Körperöl einmassierst. Wichtig ist, beim Duschen nicht mit dem Wasserstrahl in die Vagina einzudringen. Wie alle anderen Körperöffnungen (Nase, Ohren) reinigt sie sich am besten selbst.

Ob Du besser Tampons oder Binden benutzen solltest, läßt sich nicht so einfach beantworten. Am besten, Du experimentierst mit beiden Methoden. *Binden* haben den Vorteil, daß Du deutlicher erkennst, wann ein Wechsel notwendig ist, aber den Nachteil, daß sie sich unter engen Hosen oder im Badeanzug nicht so gut verbergen lassen. Beim Tragen einer Binde bist Du zwangsläufig mehr in Kontakt mit der Menstruation – Du siehst das Blut und spürst, wie es hinausfließt. Manchen Mädchen ist das unangenehm, andere werden das im Gegenteil genießen. *Tampons* müssen alle drei bis vier Stunden gewechselt werden, am besten, Du schützt den Slip vorsorglich mit einer Einlage. Für junge Mädchen gibt es spezielle Tampons, die sich auch bei intaktem Jungfernhäutchen gut einführen lassen. Wenn das nicht auf Anhieb gelingt, läßt Du am besten erst einmal den Mittelfinger tief in die Vagina gleiten, um ein besse-

◆ WIE LANGE DAUERT DIE MENSTRUATION? Durchschnittlich vier bis sechs Tage. Aber da sie oft nur allmählich aufhört, kann sie sich auch auf acht Tage ausdehnen.

◆ WIEVIEL BLUT VERLIERST DU DABEI? Durchschnittlich 50 bis 200 Milliliter. Schwankungen von Periode zu Periode sind normal.

◆ KANNST DU SPÜREN, DASS ES EINEN EISPRUNG GEGEBEN HAT? Am Anfang sicher nicht, denn die körperlichen Signale, die ihn begleiten, sind oft schwach oder undeutlich. Mit wachsender Erfahrung und mehr Körperbewußtsein können Frauen um die Zeit des Eisprungs herum ein leichtes Ziehen im Bauchraum spüren („Mittelschmerz"). Oder sie bemerken Veränderungen des Schleims in der Vagina. Eine weitere Möglichkeit: Wer regelmäßig die Morgentemperatur mißt, kann einen leichten Temperaturanstieg nach dem Eisprung feststellen.

res Gespür für die richtige Stelle zu bekommen. Der eingeführte Tampon darf nicht drücken oder weh tun, er sollte eigentlich gar nicht zu spüren sein. Der Nachteil von Tampons: Wenn die Blutung noch oder schon wieder schwach ist, trocknen sie die Scheide aus, da sie die natürliche Feuchtigkeit aufsaugen (was Pilzinfektionen und Entzündungen begünstigt.) An

diesen Tagen empfiehlt es sich, statt Tampons eine dünne Binde oder Slipeinlage zu benützen. Übrigens: Die heute so beliebten Slipeinlagen als Schutz der Unterwäsche sind nur an den Menstruationstagen sinnvoll, an allen anderen Tagen des Zyklus jedoch Unfug. Dahinter steht der alte – dumme – Mythos von der „weiblichen Unreinheit". (Hat es jemals solche „Wäscheschoner" mit Deo-Wirkung für Männer gegeben?) Darüber hinaus haben die Einlagen hygienische Nachteile. Sie sind mit Plastikfolie unterlegt, die aufgesogene Feuchtigkeit kann also nicht ver-

dunsten. Ähnlich wie in Slips aus Kunstfasern entsteht ein feuchtwarmes Milieu, das Pilzinfektionen begünstigt (vor allem, wenn darüber enge Kleidung – Strumpfhosen, Leggings oder Jeans – getragen wird).

Ein bißchen „zickig", wenn die Tage kommen?

Wenn der hormonelle Kreislauf im Organismus entsteht – bei manchen Mädchen sogar schon, ehe die erste Blutung eingetreten ist –, reagiert auch die Seele. Denn unsere Stimmung, die „seelische Wetterlage", hängt nun mal mit dem *hormonellen Auf und Ab des Zyklus* zusammen. Am besten fühlen sich Frauen, wenn der Hormonspiegel steigt oder hoch ist – also in der ersten Zyklushälfte und in der Mitte. Der starke Hormonabfall in der Woche vor Beginn der Monatsblutung (siehe Kasten Seite 25) schlägt sich dagegen oft negativ aufs Gemüt nieder – wir werden reizbarer, unkonzentriert und träge. Bei einer amerikanischen Studie wurden Frauen in den verschiedenen Stadien des Zyklus gebeten, ganz spontan ein möglichst „frisches" Erlebnis zu erzählen. Die Auswertung der Antworten zeigte: Vor allem um den Eisprung herum, also wenn der Hormonspiegel einen Gipfel erreicht, berichteten die Frauen überwiegend von schönen Erfahrungen. Vor der Menstruation dagegen überwogen negativ gefärbte Schilderungen.

Natürlich sollten wir diese hormonellen Stimmungsschwankungen nicht überbewerten. Aber es ist doch gut, wenn Du Dir dieser zyklischen Veränderungen immer im Hinterkopf bewußt bleibst. So kannst Du in den „zickigen" Tagen vor den Tagen ein wenig liebevoller mit Dir umgehen als sonst, aber auch darauf achten, Deine miese Laune nicht völlig

ungehindert an anderen auszulassen. Oft genügt schon ein wenig Distanz zur eigenen Stimmung, um den Humor nicht zu verlieren.

Warum tut der Bauch jetzt weh?

Die Menstruation ist ein völlig natürlicher Vorgang, und doch erzeugt sie eine ganze Reihe von Beschwerden. (Ähnlich wie auch die Geburt eines Babys weh tut, obwohl sie ganz natürlich ist.) Die häufigsten Symptome: Bauch- und Rückenschmerzen, die bis in die Oberschenkel strahlen können, Kopfweh, Unterleibskrämpfe. Wissenschaftler haben festgestellt, daß auch die Frauen sogenannter Naturvölker dieses Unwohlsein kennen – es ist also nicht, wie manchmal behauptet wird, eine Art „Zivilisationsschaden". Und Du bist auch nicht wehleidig, wenn Du Dich an diesen besonderen Tagen nicht so fit fühlst wie an den anderen.

Was sind die *Ursachen*? Um die aufgebaute Schleimhaut auszustoßen, muß sich die Gebärmutter kräftig zusammenziehen – diese Kontraktionen erzeugen die typischen Menstruationsschmerzen und in schlimmeren Fällen auch Krämpfe.

Warum haben junge Mädchen oft besonders starke Krämpfe? Weil ihre Gebärmutter noch kleiner und fester ist als bei Frauen, die schon ein Baby geboren haben. Übrigens können kräftige Kontraktionen bei der Blutung ein Hinweis dafür sein, daß es in diesem Zyklus zu einem Eisprung gekommen ist. Die allerersten Menstruationen verursachen oft weniger Beschwerden, weil die Gebärmutter noch sehr viel weniger Schleimhaut aufgebaut hat.

Komische Zufälle

Hast Du Deine erste Menstruation ziemlich exakt zum gleichen Zeitpunkt bekommen wie Deine beste Freundin, mit der Du viel Zeit verbringst oder die Schulbank teilst? Oder hast Du beobachtet, daß nach wenigen Monaten Dein Rhythmus fast deckungsgleich wurde mit dem Deiner Schwestern oder Deiner Mutter? Ihr bekommt Eure Menstruation immer im Abstand von wenigen Tagen? Dieses Phänomen – Wissenschaftler sprechen von „Synchronizität" – wurde auf der ganzen Welt beobachtet: Wenn Frauen zusammenleben oder auch täglich zusammenarbeiten, pendeln sich ihre Zyklen aufeinander ein. Gesicherte Erklärungen dafür gibt es nicht.

So werden die Tage leichter

Es gibt verschiedene Möglichkeiten, um Menstruationsbeschwerden vorzubeugen oder sie zu lindern. Probiere aus, was Dir persönlich am besten hilft.

In der Woche davor: richtig essen, gut entspannen

Ernährung: Sorge jetzt für etwas mehr *Kalzium* – das unterstützt sowohl das vegetative Nervensystem (weniger Gereiztheit!) als auch die Blutgerinnung (je flüssiger das Menstruationsblut, desto leichter die Arbeit der Gebärmutter). Dein Tagesbedarf an Kalzium beträgt 1200 mg – das entspricht zum Beispiel vier Tassen Milch. In der Woche vor und während der Menstruation solltest Du diese Tagesration erhöhen, also bewußt noch etwas mehr Milch, Buttermilch, Hüttenkäse oder Joghurtprodukte (ohne Zucker) als gewöhnlich zu Dir nehmen. Oder Du nimmst in dieser Zeit täglich eine Kalziumtablette. Neben Kalzium brauchst Du jetzt auch mehr *Magnesium* (am besten als Brausetablette) und etwas mehr *Vitamin-B* als in den übrigen Tagen des Monats. Reichlich enthalten ist Vitamin B in: Vollkornbrot, Naturreis, Fisch und Rindfleisch, Eigelb, Hefe (Flocken oder Paste gibt es im Reformhaus oder Naturkostladen), Melasse, Malzextrakt, Soja, Weizenkeimen und Mandeln. Mit diesen Nahrungsmitteln bekommst Du automatisch auch genügend *Eisen* – es ist wichtig für die Blutbildung als Ausgleich für den bevorstehenden Blutverlust. Gute Eisen-Spender sind auch: getrocknete Aprikosen, Hirse, rote Bete und Säfte aus dem Reformhaus (Pflanzen-Preßsäfte). Eventuell kann der Arzt auch Eisenpreparate verschreiben.

Entspannung: Stretching und Yoga sind gute Methoden, um drohende Bauch- und Rückenschmerzen zu lindern oder ganz zu vermeiden. Besonders gut geeignet, um Anspannungen im Bauch- und Beckenbereich aufzulösen: Mit gekreuzten Beinen flach auf dem Rücken liegen, die Schenkel dabei auseinanderfallen lassen, Hände auf den Unterbauch legen und hineinatmen. Oder: Auf den Rücken legen, Beine heben und schräg auf einer Wand abstützen. Du mußt dabei herausfinden, in welchem Abstand von der Wand Du am bequemsten liegst und die größte Entspannung im Kreuz spürst.

Während der Tage: natürliche Heilmittel gegen den Schmerz

Wärme weitet die Gefäßwände – das entspannt und löst. Am einfachsten helfen Wärmflasche oder Heizkissen. Achte sehr darauf, daß Du jetzt keine kalten Füße bekommst.

Kräuter können als Badezusatz oder als heißes Getränk genutzt werden. Als Tee: Schafgarbe, Baldrian, Frauenmantel – je 1 TL Kraut in einer Tasse kochendem Wasser ziehen lassen, abseihen und mit etwas Honig süßen. In Milch: Anis aufkochen und schlückchenweise trinken. Im Bad: Melissenkraut. Im Fußbad: Beifuß. (Vorsicht: Fuß- und Wannenbäder nur, wenn die Blutung noch nicht stark ist!)

Akupressur lindert akute Beschwerden. Die richtigen Punkte liegen drei bis vier fingerbreit über dem Innenknöchel an beiden Beinen und zwei bis drei Finger unterhalb des Nabels. Die Punkte sind sensibler als das Umfeld und daher meist leicht zu finden. Nacheinander mit dem festem Druck einer Finger-

---

Muß ich mich an „den Tagen" schonen?

Die meisten der Vorschriften, die noch für Deine Urgroßmütter galten (zum Beispiel: nicht schwimmen gehen, keine Vollbäder nehmen, nicht die Haare waschen) haben sich längst als Aberglauben erwiesen – eine Frau ist nicht krank oder gar „unzurechnungsfähig", wenn sie ihre Tage hat. Vertraue Deinem Körper. Wenn Du Lust hast, kannst Du unbedenklich Sport treiben oder allen Deinen gewohnten Aktivitäten nachgehen. Aber versuche doch, ein Gespür dafür zu entwickeln, ob Dir WIRKLICH nach Aktivität zumute ist oder ob Du Dich nur bestimmten Erwartungen anpaßt. In unserer leistungsorientierten Kultur glauben wir viel zu oft, wir müßten immer unternehmungslustig und „gut drauf" sein. Steht Dir der Sinn also nach Ruhe, Wärme und Rückzug – gönne es Dir. WICHTIG: Untersuchungen haben gezeigt, daß Frauen in der zweiten Zyklushälfte – vor allem in den Tagen vor den Tagen – anfälliger sind für Infektionen und Erkältungen als sonst. Achte in dieser Zeit besonders bewußt auf die Signale Deines Körpers.

kuppe nach oben massieren, jeweils ein paar Minuten und bis zu dreimal täglich. Am besten, Du beginnst damit schon ein bis zwei Tage vor Beginn der Menstruation.

Massage ist immer wohltuend und krampflösend. Besser als Selbstmassage wirkt die Berührung durch einen anderen Menschen (muß aber kein Profi sein!). Leichte Druckmassage im Bereich des Kreuzbeins hilft bei Krämpfen, die vor allem im Rücken gespürt werden. An den Füßen: Die Reflexzone für die Gebärmutter liegt schräg unterhalb der Innenknöchel; die Zone für die Beckenbodenmuskulatur befindet sich ringförmig um das Fußgelenk herum, in Höhe der Knöchel. Beide Stellen vorsichtig mehrere Minuten lang massieren (lassen).

Homöopathie kennt viele Mittel gegen Menstruationskrämpfe. Es ist wichtig, das richtige davon für Dich herauszufinden. Hier ein paar Anhaltspunkte: *Camomilla* (Kamille) ist angezeigt, wenn die krampfartigen Schmerzen von seelischer Reizbarkeit begleitet werden. *Pulsatilla* (Küchenschelle) kommt in Frage, wenn Du Dich weinerlich fühlst und neben den Bauchschmerzen unter Übelkeit, Kopfweh oder Durchfall leidest. *Caulophyllum*

(Frauenmantel) ist für Mädchen und Frauen geeignet, bei denen die Beschwerden (vor allem Kreuzschmerzen) nachlassen, sobald die Blutung richtig in Gang gekommen ist. Alle diese Präparate gibt es in der Apotheke, und sie werden in der Potenzstufe D 6 (dreimal täglich drei Tropfen) eingenommen. Wenn Du Dich bei der Wahl des Mittels unsicher fühlst, kannst Du Dich in einer homöopathisch orientierten Apotheke beraten, Dir eventuell ein sogenanntes Komplexmittel (Mischung verschiedener Substanzen) geben lassen.

Aromatherapie: Von den ätherischen Ölen tut Dir jetzt Muskatellersalbei besonders gut. In die Duftlampe geben oder am Fläschchen riechen. Oder ein paar Tropfen des Öls mit etwas süßem Mandelöl (gibt es in der Apotheke) verschütteln und damit Bauch und die Innenseiten der Schenkel massieren.

Meditationsübung: Leg Dich auf den Rücken, decke Dich zu, schließe die Augen und beginne, tiefer zu atmen. Lege die Hände auf den Bauch zwischen Nabel und Schambein und richte Deine Aufmerksamkeit auf diese Stelle. Stelle Dir Deine Gebärmutter als einen kräftigen Muskel vor, der sich jetzt rhythmisch zusammenzieht. Versuche, diese Arbeit durch ganz sanfte rhythmische Schaukelbewegungen des Beckens zu begleiten. Atme tief aus und ein, und summe dabei mit weichen, geöffneten Lippen. Mache Dir bewußt, daß Gebärmutter, Bauch und Becken Teile von Dir sind, die jetzt *für* (und nicht gegen) Dich ihre monatliche Arbeit tun. Wichtig: Am Ende der Übung nicht abrupt aufstehen, sondern sich erst einmal − bei geöffneten Augen − dehnen und strecken.

Der erste Besuch beim Frauenarzt

◆ *Welche Gründe sprechen für eine gynäkologische Unter-*
suchung? ◆ *Wo ist der richtige Arzt/ die richtige Ärztin?*
◆ *Was kannst Du von ihm/ihr erwarten?*

Die Tatsache, daß Du jetzt in die Pubertät gekommen
bist, ist noch kein Grund für eine Untersuchung bei
einem Gynäkologen oder einer Gynäkologin. Aber irgendwann in diesen Jahren wird sie fällig. Was mußt
Du darüber wissen? Was genau kommt auf Dich zu?

Wann mußt Du hin?

Wenn der Zyklus „spinnt" – zum Beispiel: Wenn
die erste Blutung auch mit 16 Jahren noch nicht gekommen ist. Oder die Menstruation bereits einige
Monate lang regelmäßig war, dann aber wieder ganz
ausbleibt oder in zu kurzen Abständen einsetzt. Auch
unerträgliche Krämpfe oder Schmerzen bei der Blutung sind ein Grund, sich mit einem Arzt oder einer
Ärztin zu beraten.

Wenn der Unterleib schmerzt. Typische Frauen-
krankheiten sind zwar noch selten bei sehr jungen
Mädchen, aber nicht ganz auszuschließen. Sobald
weibliche Hormone produziert werden, können sich
Myome in der Gebärmutter oder Zysten auf den Eierstöcken bilden. Und völlig unabhängig vom Alter
sind Erkrankungen wie Eileiterentzündungen oder
Scheideninfektionen (Ausfluß) durch Pilze oder Keime. Ansprechpartner/in bei solchen Beschwerden
sind jetzt der Gynäkologe oder die Gynäkologin, und
nicht mehr ein Kinderarzt oder ein Internist.

Wenn Du Informationen brauchst – zum Beispiel, wenn Du einen Freund hast und der sexuelle Kontakt Dir weh tut (siehe auch Kapitel III). Oder wenn Du niemanden hast, mit dem Du intime Fragen sachlich besprechen kannst.

Wenn Verhütung nötig wird – also wenn Du Dir die Pille oder ein Diaphragma verschreiben lassen möchtest. In jedem Fall mußt Du natürlich auch zum Arzt gehen, wenn Du befürchtest, schwanger geworden zu sein oder der Test bereits positiv ist.

Wohin wendest Du Dich am besten?

Sehr junge Mädchen lassen sich am besten beim ersten Mal von der Mutter begleiten – und vermutlich wird sie dann mit Dir ihre eigene Gynäkologin oder ihren eigenen Gynäkologen aufsuchen. Schwieriger ist es, wenn Du alleine hingehen möchtest – zum Beispiel, wenn es um persönliche Fragen geht, die nicht unbedingt mit der Mutter erörtert werden sollen. Erkundige Dich bei Freundinnen oder bei Menschen, zu denen Du Vertrauen hast. Das kann eine besonders nette Tante sein, eine Lehrerin oder die Hausärztin, die Du seit vielen Jahren kennst. Bei der Frage, ob Du Dich bei einer Ärztin besser aufgehoben fühlst als bei einem Mann, laß Dich von Deinem spontanen Gefühl leiten. Es gibt keine allgemein gültige Antwort darauf.

Wie bereitest Du Dich vor?

Falls Du alleine zum Arzt gehst: Laß Dir von Deiner Mutter noch einmal sagen, welche Krankheiten Du in der Kindheit durchgemacht hast. Schreibe auf einen Zettel, wann Du Deine erste Menstruation be-

Du und der Arzt

DAS KANNST DU VON DEINEM FRAUENARZT/DEINER FRAUENÄRZTIN ERWARTEN:
daß er/sie
♦ sich genügend Zeit für Dich und Deine Fragen nimmt,
♦ Dir keine moralischen Regeln oder Ansichten mitteilt,
♦ Dich nicht wie ein kleines Mädchen behandelt,
♦ behutsam bei der Untersuchung vorgeht und Instrumente oder Hände vorher anwärmt,
♦ bei der Untersuchung erklärt, was er/sie tut,
♦ Rücksicht nimmt auf Deine Schamgefühle und eventuelle Schwierigkeiten, Dich auf dem Stuhl zu entspannen,
♦ auch von sich aus Informationen anbietet.

DAS ERWARTET DEIN ARZT/ DEINE ÄRZTIN VON DIR:
♦ daß Du Dich auf den Besuch vorbereitest,
♦ ihm/ihr zuhörst,
♦ Dich bei Deinen Fragen wirklich auf das für Dich Wesentliche konzentrierst,
♦ seine/ihre Fragen möglichst klar und ehrlich beantwortest.

kommen hast und wann die letzte war. Der beste Termin für eine Kontrolluntersuchung ist zwischen zwei Blutungen – da ist der Unterleib am entspanntesten. Untersuchungen kurz vor den Tagen sind oft unangenehmer, und während der Menstruation kann sich der Arzt kein genaues Bild vom Aussehen des Muttermunds oder der Schleimhäute in der Vagina machen. Wichtig: Ein kurzes T-Shirt ist keine besonders günstige Kleidung für diesen Tag – Du müßtest mit nacktem Unterleib von dem Platz, wo Du Dich für die Untersuchung ausziehst, bis zum gynäkologischen Stuhl laufen. Keine sehr angenehme Vorstellung in einer so unvertrauten Umgebung! Besser geeignet sind langer Schlabberpullover oder lange Shirts.

Was und wie wird untersucht?

Nach dem Anfangsgespräch (bei einem ersten Besuch sollten sich Ärztin oder Arzt ausreichend Zeit dafür nehmen), mußt Du Dich auf den Untersuchungsstuhl legen – die Beine gespreizt und in Beinhaltern abgelegt. Zwei bis drei Untersuchungen sind Routine: 1. DIE ÄUßERE TASTKONTROLLE. Dabei können durch Abtasten der Bauchdecke eventuelle Anomalien der inneren Organe erspürt werden. 2. DIE INNERE TASTKONTROLLE. Sie ist nur möglich, wenn Du bereits mit einem Mann geschlafen hast. Dazu führt der Arzt zwei bis drei Finger durch die Vagina zum Muttermund, seine andere Hand liegt auf der Bauchdecke. So können das Innere der Vagina, der Muttermund und die Gebärmutter gefühlt werden. 3. DIE SICHTKONTROLLE mit einem Spekulum. Das ist ein Rohr mit einer Lichtquelle, durch das der Arzt in das Innere der Vagina schaut. Bei einem Mädchen mit einem unverletzten Jungfernhäutchen wählt er dafür ein besonders kleines Instrument, das behutsam eingeführt wird. Eventuell wird er bei dieser Gelegenheit auch einen sogenannten Abstrich machen – das heißt, eine kleine Schleimprobe vom Muttermund entnehmen. Dieser Abstrich (bei dem später unter dem Mikroskop eventuelle Gewebsveränderungen erkannt werden können) ist in Deinem Alter noch nicht unbedingt notwendig. Er wird erst Frauen ab 25 Jahren einmal jährlich vorsorglich empfohlen. MÖGLICHE ZUSATZUNTERSUCHUNGEN: Bei Ausfluß ebenfalls Abstrich, bei Zyklusstörungen Blutuntersuchungen zur Bestimmung des Hormonspiegels. Eventuell Abtasten der Brüste.

Krisengefühle und Verstimmungen

◆ *Wenn die Seele in die Krise kommt.* ◆ *Weltschmerz und andere ganz neue Gefühle.* ◆ *Identitätsproblem Nummer eins: Will ich überhaupt eine Frau sein?* ◆ *Alles, was der Seele jetzt guttut.*

Jede Krise ein Schritt nach vorn

Nimm Dir ein paar Minuten Zeit für die folgende Vorstellungsübung: Erinnere Dich an Situationen in Deinem bisherigen Leben, in denen eine grundlegende Änderung stattfinden mußte. Wähle eine besonders wichtige davon aus und versuche, die damit verbundenen Stimmungen und zwiespältigen Gefühle wieder zu empfinden. Erinnere Dich, wie lange Du brauchtest, bis die Umstellung geschafft war. Wie siehst Du den Schritt, der damals gemacht wurde, aus der heutigen Perspektive? Beispiele: der Schulanfang – die Geburt eines Geschwisters – Umzug in eine andere Stadt – eine schwere Erkrankung – Trennung der Eltern – Schulwechsel.

Viele neue Untersuchungen über das Verhalten von Jugendlichen in Deutschland und in Amerika haben gezeigt: Die meisten erleben die Phase des Erwachsen-Werdens – die Pubertät – sehr viel positiver als Mädchen und Jungen früherer Zeiten. Zwei Gründe werden dafür genannt: Da sich die Eltern heute viel weniger autoritär verhalten als in früheren Generationen, kommt es nicht mehr zwangsläufig zu schmerzhaften Konflikten, wenn die Kinder selbständig werden. Und zweitens nimmt die heute sehr viel größere sexuelle Offenheit der Pubertät viel von ihren negativen Spannungen und Ängsten.

Einfach und harmonisch sind die Jahre zwischen elf und achtzehn dennoch für keine(n) Jugendlichen. Wie sollte es auch anders sein? Die Pubertät bedeutet eine riesige Umstellung von Körper und Seele. Sie ist eine der größten Krisen, die Menschen im Lauf ihres Lebens zu bewältigen haben. Selbstzweifel, Einsamkeitsgefühle, Traurigkeit und Lustlosigkeit sind ganz natürliche Begleiterscheinungen einer solchen Veränderung.

Klein oder groß – das ist hier die Frage

Einer der schwierigsten Aspekte in dieser Phase – für Dich, aber auch für alle Menschen, die mit Dir zu tun

haben – ist die Frage: Wie kindlich oder erwachsen bin ich jetzt eigentlich? Wieviel kann ich mir zumuten? Was müssen die Eltern noch für mich tun? Bei allen diesen Fragen kommt es in der konkreten Situation sicher häufig zu Mißverständnissen. Du fühlst Dich vielleicht überfordert, wenn Du plötzlich mehr Taschengeld bekommst, es Dir aber jetzt auch ganz allein einteilen sollst. Oder Du bist ärgerlich, weil Deine Eltern eine Sprachreise für Dich gebucht haben, wo Du das doch eigentlich schon selber kannst. Manchmal findest Du es toll, daß Verkäuferinnen oder Kellner Dich plötzlich mit „Sie" anreden – dann wieder möchtest Du angeleitet und behütet werden wie Deine jüngeren Geschwister. Diese Schwankungen oder Launen sind jetzt ganz natürlich. Vielleicht hilft Dir das folgende Bild aus der Natur: Wenn ein Fluß (die Kindheit) in einen anderen, größeren (das Erwachsen-Sein) mündet, entstehen am Zusammenfluß viele Strudel und Turbulenzen. Ein ganzes Stück flußabwärts wird der Strom dann wieder breit und ruhig. Die Krise ist überstanden.

Ich weiß nicht, was soll es bedeuten.....

In einer Ende der 80er Jahre durchgeführten Untersuchung über Jugendliche in Deutschland gaben 50 Prozent der Mädchen und Jungen an, sich ab und zu traurig zu fühlen – scheinbar ganz ohne Grund. Weltschmerz nannte man das früher, heute spricht man eher von „depressiven Verstimmungen". Auch solche Gefühle gehören zum Erwachsen-Werden und Erwachsen-Sein. Eine der Ursachen dafür: Je reifer man wird, desto genauer schaut man sich die Dinge an und macht so manche unangenehme Beobachtung. Du

Dafür bist Du noch zu klein! Und dafür schon viel zu groß!

♦ THERESE (16): „ Ich war schon 13, als ich mir in den Kopf setzte, daß ich unbedingt eine Babypuppe zu Weihnachten will. Meine Eltern haben ein bißchen komisch geschaut, aber sie mir dann doch geschenkt. Das vergesse ich ihnen nie. Ich finde es toll, daß sie nicht gesagt haben: Dafür bist du schon viel zu groß."

♦ RENATA (12): „Ich hab mir die hohen Schuhe von meiner Schwester angezogen und das Laufen damit geübt. Ausgelacht haben sie mich. Das war gemein."

♦ CHARLOTTE (14): „Als meine Mutter eines Tages sagte, mit der Bluse kannst du jetzt aber nicht mehr ohne BH gehen, war mir das wahnsinnig peinlich."

♦ HUBERTA (13):„Wir fahren immer mit meiner Tante und ihrem Sohn in die Skiferien. Diesmal sagten meine Eltern, die Huberta und der Thomas können nicht mehr im selben Zimmer schlafen. Darüber war ich traurig."

entdeckst jetzt, daß die Welt nicht so heil ist, wie Du vielleicht als Kind glaubtest. Daß die Erwachsenen scheinbar unfreundlicher werden, Dir nicht mehr so viel nachsehen – weil Du kein „süßes, kleines Mädchen", sondern eine heranwachsende Frau bist. Du betrachtest Deine eigene Familie mit wacherem, kritischerem Blick. Viele Grundsätze, die von Deinen Eltern (vor-)gelebt werden, erscheinen Dir jetzt fragwürdig. Wenn die gewohnte Welt so sehr ins Wanken gerät, kommt auch die Seele ganz schön ins Schleudern. Mach Dir in diesen Momenten klar, daß es nicht notwendig ist und sogar falsch wäre, immer gut gelaunt zu sein. Gerade in sogenannten depressiven Phasen kann die Seele wachsen!

Will ich eigentlich eine Frau sein?

Ob Du es willst oder nicht: Dein Körper wird jetzt weiblich – und zieht die Blicke der Männer auf sich. Ganz automatisch kommen dadurch neue Ansprüche auf Dich zu, alle jene Erwartungen, die Deine Familie und die Gesellschaft an Frauen stellen. Heute begegnet eine Frau sehr vielschichtigen, manchmal widersprüchlichen Forderungen. Zum Beispiel soll sie schön und gepflegt sein – und gleichzeitig zupacken können und im Beruf ihren Mann stehen. Sie soll irgendwann Mutter werden – und doch wird eine Schwangerschaft jetzt als das Schlimmste aller Übel angesehen. Ohne daß es Dir vielleicht so richtig bewußt wird, ist Dein Kopf voll mit solchen Botschaften und Vorstellungen – und mit vielen Zweifeln, ob Du da überhaupt mitspielen möchtest oder diesen Erwartungen gewachsen bist. Nimm diese Gefühle ernst, nutze sie als Denkanstöße, um Dir über Deinen Platz in der Familie, in der Welt und in der Gesellschaft klarzuwerden.

Phantasieübung – eine Welt voller Frauen: Mal Dir in einem ruhigen Augenblick – zum Beispiel vor dem Einschlafen – eine Welt aus, in der fast alle Minister, Bürgermeister, Polizisten, Geistlichen, Richter, Ärzte, Flugkapitäne usw. Frauen wären, während die Männer hauptsächlich Hausarbeit machen. Wie würde der Alltag aussehen? Welche Gefühle verbinden sich für Dich damit? Wie sind für Dich die Menschen in einer solchen Welt?

Beobachtungsübung – Gesten und Gangarten: Allein oder mit Freundinnen schau Dir einen Nachmittag lang die unterschiedliche Körpersprache von Frauen und Männern an – im Café, im Auto, beim Spaziergang. Kannst Du Unterschiede im Verhalten entdecken, je nachdem, ob die Personen ganz allein, mit demselben oder dem anderen Geschlecht zusammen sind? Zu Hause vor einem Spiegel imitiere dann ganz bewußt, was Du gesehen hast. Beobachte, wie sich Deine Stimmung verändert, wenn Du zum Beispiel mit den Händen in den Hosentaschen breitbeinig wie ein Mann dasitzt. Oder Dich „elegant" gibst. Oder die Arme vor der Brust verschränkst....

Collage – lauter Traumfrauen: Schneide aus Zeitschriften Fotos aus von Mädchen und Frauen, die exakt dem heutigen Geschmack entsprechen und klebe sie dann zu einem „Weibs-Bild" zusammen. Mach Dir dabei bewußt, welche Attribute als wichtig oder schön gelten. Geh in Gedanken Frauen durch, die Du kennst: Gibt es darunter solche Idealfrauen? Was gefällt Dir an den Mädchen aus Fleisch und Blut? Was magst Du an Dir selbst?

Gute Tröster für Krisenmomente

◆ eine enge Freundin, die leicht erreichbar ist,
◆ Tagebuch führen – dadurch werden unklare Gefühle deutlicher,
◆ mehr Körpergefühl entwickeln (Sport, Tanz, Yoga),
◆ kreative Tätigkeiten (malen, musizieren) – so kannst Du Spannungen und belastende Gefühle „rauslassen",
◆ Dir erlauben, wieder kindlich zu sein – Puppe, Schmusetier, Kuschelkissen, heißen Kakao trinken oder ähnliche Dinge, die Du mit „früher" verbindest.

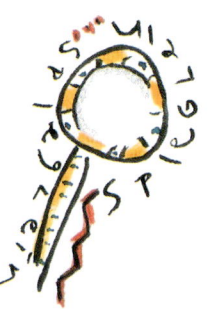

II. FIT,
SCHÖN,
GESUND

Pflegen und verwöhnen von Kopf bis Fuß

◆ *Die wichtigsten Regeln für die Schönheit der Haut.*
◆ *Traumziel: ein makelloser Teint.* ◆ *Alles für Haare, mit denen man glänzen kann.* ◆ *Hände und Füße brauchen besondere Pflege.*

Sich pflegen: nie war es so leicht wie heute – und gleichzeitig nie so verwirrend. Denn es gibt unzählige Pflegepräparate und immer neue, oft widersprüchliche Methoden und angebliche Wunderkuren für die Schönheit. Dabei gilt gerade in jungen Jahren: weniger ist mehr!

Samtige Körperhaut

In der Jugend – und ganz speziell in den Teenagerjahren – ist die Körperhaut so straff, appetitlich und glatt wie später nie mehr wieder. Richtige Pflege heißt jetzt nur: nichts tun, was langfristig schaden würde. Und vor allem geht es darum, sich schon jetzt gute Gewohnheiten anzueignen – für später, wenn die Haut empfindlicher und anspruchsvoller wird. Das sind die wichtigsten Schönheitsregeln:

Reinigen – einmal täglich genügt (außer wenn Du viel geschwitzt oder intensiv Sport getrieben hast). Am besten ist Duschen, da werden die Schmutzpartikel und die Seifenreste gleich abgespült. Bei normaler bis fettiger Haut kannst Du Duschgel oder Syndets verwenden (keine normale Seife, sie verstopft die Poren und begünstigt Mitesser), bei sehr trockener Haut sind Babyseife oder Seifenersatz (Apotheke, Drogerie) besser geeignet.

Wichtig: weniger ist mehr! Wer täglich duscht, braucht nur die Achselhöhlen, den Hals und die Füße einzuseifen – ansonsten genügt warmes Wasser. Vollbäder grundsätzlich nur einmal in der Woche (schon aus Umweltgründen: dabei wird viel Energie und Wasser verbraucht) – zum Entspannen und Verwöhnen. Oder aus medizinischen Gründen – zum Beispiel bei beginnender Erkältung. Gute Badezusätze, wenn ein Schnupfen droht: zwei bis drei Tropfen Thymianöl (gibt es in der Apotheke) oder ein paar Spritzer Pfefferminzöl.

Cremen – Körperhaut braucht viel weniger Creme als das Gesicht oder die Hände. Der Grund: Sie ist durch die Kleidung gegen Licht und Sonne geschützt. Daher gilt auch hier: weniger ist mehr! Cremen und ölen muß man die Haut nur, wenn sie spannt. Im Sommer braucht die Haut weniger Pflege als im Winter, weil sie beim Schwitzen mehr Talg, also eigenes Fett, produziert. Dann sind Bodylotions, die mehr Feuchtigkeit als Fett enthalten, genau richtig. Wenn Du lieber Körperöl nimmst, solltest Du sehr sparsam damit umgehen und es (nach dem Duschen) nur auf der feuchten Haut verteilen, weil es dann leichter einzieht. Massageöl ist für die tägliche Pflege nicht geeignet, da es nicht in die Haut eindringt – es ist als Gleitschicht für die Massage gedacht. Zum Beispiel, wenn Du nach starker sportlicher Belastung die Muskeln von Oberschenkeln und Waden kräftig durchknetest.

Trockenbürsten – ein Morgenritual für fettige Haut, die nicht zu Akne und Rötungen neigt. Mit ei-

Heißer Tip: kalt duschen – aber richtig

◆ Morgens zum Munterwerden und abhärten: erst heiß duschen, dann zum Schluß kurz kalt oder kühl abbrausen.

◆ Als Gefäß– und Bindegewebstraining (schützt vor Cellulite): im Wechsel heiß und kalt duschen. Die heiße Phase soll doppelt so lange sein wie die kalte, kalt aufhören.

◆ Kalte Duschen sind nicht gut: abends vor dem Schlafengehen, nach dem Sport (da ist der Kreislauf sowieso „in Schwung") und bei (drohenden) Erkältungen.

ner mittelharten Körperbürste oder einem Luffa-handschuh morgens den ganzen Körper systematisch abbürsten. Immer zum Herzen hin und bei den Füßen beginnen (Fußsohlen nicht vergessen). Die Brüste kreisend bürsten, Brustwarzen dabei auslassen. Trockenbürsten regt den Kreislauf und das Immunsystem an an und entfernt die oberen, abgestorbenen Hautzellen. Wenn Deine Haut Trockenbürsten nicht verträgt – statt dessen kalt abduschen.

Enthaaren – falls Du Dich „enthaart" wohler fühlst: *Elektrorasierer* sind besonders unproblematisch, sollen nur auf ganz trockener Haut benutzt werden. Gut für Beine und Achseln. *Naßrasieren* ist gründlicher, der Effekt hält also länger vor. Aber die Verletzungsgefahr ist hoch – daher am besten nur an den Beinen verwenden. *Enthaarungscremes* werden nicht von jeder Haut vertragen, deshalb vor der Benutzung auf einem kleinen Stück Haut (Unterarm) testen. Am besten nur für die unempfindlichere Beinhaut verwenden. Für die Bikini-Zone gibt es Spezialcremes – deren Verträglichkeit solltest Du ebenfalls vorher testen. Sie wirkt etwa zwei Wochen lang. *Kaltwachs* gibt es in Form von Streifen, die man mit einem kräftigen Ruck abreißt. Vorteil: Die Härchen sind erst in vier Wochen wieder sichtbar. Nachteil: Die Prozedur ist ziemlich schmerzhaft. Außerdem kann es passieren, daß einzelne Haare schräg unter der Haut nachwachsen. Es kommt dann zu kleinen Entzündungen. Die Kaltwachsmethode ist also allenfalls für die Beine geeignet. Für die empfindliche Bikini-Zone solltest Du am besten einen Elektrorasierer mit besonders kleinem Scherkopf nehmen. Gibt es speziell für Frauen.

Wohltaten und Sünden

● GUT FÜR DIE HAUT: viel trinken (Feuchtigkeit von innen); die Vitamine E, A, C, B (Hefe) und D; Durchblutung (Sport, Sauna); ausreichend Schlaf, weil sich die Hautzellen im Schlaf vermehrt erneuern.

● SCHLECHT FÜR DIE HAUT: Rauchen, weil es die Durchblutung einschränkt; Alkohol, weil er austrocknet; Sonnenbäder – machen Falten und erhöhen das Krebsrisiko; Süßigkeiten und fette Wurst – davon bekommt man leichter Pickel.

Traumziel: ein makelloser Teint

Die Probleme, die Frauen in reiferen Jahren mit ihrer Haut haben, hast Du jetzt noch nicht: Junge Gesichtshaut ist glatt, saftig und ohne die Spur eines einzigen Fältchens. Dafür gibt es leider ein anderes Problem: die Pickel. Sie sind eine ungeliebte Begleiterscheinung der Pubertät. Die Haut – ein Stoffwechselorgan – ist von der massiven Hormonumstellung betroffen, spielt erst mal "verrückt". Bis sie sich an die neue Situation gewöhnt hat, arbeitet sie auf Hochtouren, so daß sich häufig Talgknötchen bilden, die die Poren verstopfen. Teilweise verhärten sich diese Knötchen – ein Mitesser entsteht. Und noch unangenehmer: Wenn sich um eine verstopfte Pore herum Bakterien ansiedeln, entzündet sich die Haut – sie fängt an zu "blühen". Passiert das nur gelegentlich (vor allem in den Tagen vor den Tagen), spricht man von "unreiner Haut". Ist die Gesichtshaut dagegen ständig großflächig entzündet, nennt man das Akne. Die Neigung zu unreiner Haut und zu Akne ist zum großen Teil ererbt. Sie kann durch richtige Pflege eingeschränkt, durch falsche Behandlung jedoch verschlimmert werden.

Bei unproblematischem Teint: Wenn Du zu den Glücklichen gehörst, die trotz Pubertät fast immer eine makellose Haut haben (auch das gibt es!), genügt abendliche Reinigung mit Waschcreme, Reinigungsschaum oder Reinigungsmilch. (Auch wenn Du starkes Make-up entfernen mußt, reicht normale Waschcreme.) Wichtig: danach gründlich abwaschen mit viel lauwarmem Wasser, anschließend die Haut mit Gesichtswasser abtupfen. Normale Haut braucht jetzt noch keine Pflegecreme für die Nacht. Bei trockener

Haut (sie spannt nach der Reinigung) sehr wenig Feuchtigkeitscreme einmassieren. Am Morgen das Gesicht mit kaltem Wasser „aufwecken".

Bei unreiner Haut, die gelegentlich blüht: Abends sehr sorgfältig reinigen (wie oben). Fettige, glänzende Stellen eventuell mit alkoholhaltigem Gesichtswasser abtupfen. Keine fetthaltigen Cremes auftragen. Nicht an den Pickeln herumdrücken! Ganz wenig mit etwas Wasser angerührte Heilerde (aus der Apotheke) oder spezielle Pasten (werden von vielen Kosmetikherstellern angeboten) auftragen – das trocknet die entzündeten Stellen aus, danach die Durchblutung mit kaltem Wasser anregen. Fettige Haut oder Mischhaut morgens wieder mit Waschcreme reinigen und anschließend Gesichtswasser nehmen.

Bei Akne: In leichten Fällen kannst Du ausprobieren, ob sich die Haut durch eine regelmäßige Porenreinigung bei einer Kosmetikerin bessert (alle vier bis sechs Wochen). Zusätzlich die Haut mit speziellen Pflegeprodukten gegen Akne behandeln. In hartnäckigen und schweren Fällen muß der Hautarzt konsultiert werden. Es gibt heute gute Mittel gegen Akne (zum Beispiel Präparate mit Vitamin-A-Säure oder auch bestimmte Anti-Baby-Pillen), aber sie dürfen nur unter Aufsicht des Arztes eingenommen werden. Viele Hautärzte haben in ihrer Praxis auch eine Kosmetikabteilung, in der die Haut fachgerecht behandelt werden kann.

Haare, mit denen Du glänzen kannst

Kaum ein Haarproblem, für das es inzwischen nicht Spezialprodukte gibt, kaum eine Frisur, die Du nicht

Darf ich nicht doch ein ganz klein bißchen drücken?

Wenn auch Du zu den unverbesserlichen Pickel-Drückerinnen gehörst, dann gewöhn Dir folgende Regeln dabei an, damit es nicht zu schlimmen Entzündungen und Narben kommt:

♦ vor dem Drücken: Haut mit Kamillendampfbad aufweichen (Kamillenauszug in kochendes Wasser geben, Gesicht unter einem Handtuch darüber halten);

♦ nie mit bloßen Fingern, nur mit Komedonquetscher oder mit Papiertuch drücken;

♦ Vorsicht: "unreife" Pickel, an denen Du herumdrückst, entzünden sich!

♦ Ausgedrückte Stellen mit Gesichtswasser oder Alkohol abtupfen.

mit besonderen Pflegemitteln in bessere Form bringen kannst. Hier sind Tips, damit Du Dich in dem
Riesenangebot besser zurechtfindest:

Trockenes Haar, Naturkrause: Nach dem Waschen
immer eine Spülung ins Haar geben oder – noch einfacher – eines der neuen Shampoos
wählen, die gleichzeitig eine Spülung
enthalten. Bei strohigem Haar regelmäßig eine Haarkur auftragen oder ein
Haaröl einmassieren, über Nacht einwirken lassen. Für zwischendurch:
Haarwachs ins Haar kneten, damit es ge-
schmeidiger wird. Haarlack solltest Du
vermeiden.

Fettendes und sehr dünnes Haar: Mit
entsprechenden Shampoos waschen
und auch nur Spülungen für fettiges
Haar verwenden. Bei langen Haaren: alle vier Wochen eine Haarspitzenkur
(gibt es auch als Tropfen zum Einreiben
in die Spitzen). Gut geeignet für Haar,
das schnell nachfettet: Festiger
(Schaum, Gel). Sie sind fettfrei und geben dem Haar
mehr Halt. Haarlack, eine Art stark festigendes Haar-
spray, ist günstig, da er das Haar ein wenig austrocknet – bei leicht fettenden Haaren ein Vorteil.

Dauergewelltes und gefärbtes Haar wird im Prinzip wie trockenes oder naturkrauses Haar gepflegt.
Bei einer frischen Dauerwelle: vier Wochen lang nach
jeder Wäsche eine Spezialkur auftragen. Für eine ältere Dauerwelle: Es gibt spezielle Styling–Cremes,
mit denen die Locken wieder mehr Schwung bekommen. Sie werden von hinten nach vorne ins

Wenn Du auf das Sonnen einfach nicht verzichten kannst, solltest Du zumindest die Risiken vermindern:

◆ nur Sonnenschutzmittel mit hohem Lichtschutzfaktor verwenden. Häufig auftragen und schon 30 Minuten vor dem Sonnen damit anfangen – so lange dauert es, bis der Lichtschutz voll wirksam wird;

◆ mehrmals täglich Lichtschutzstift auf die Lippen auftragen;

◆ auch für die Haare gibt es jetzt Spezial–Sonnenschutz, er legt sich wie ein Film über die Haare;

◆ Wassersportlerinnen: nur wasserfeste Sonnenschutzmittel verwenden!

◆ bei Wintersonne: Sonnenschutzmittel mit höherem Fettanteil verwenden (ist auf der Packung angegeben), sie bieten der Haut gleichzeitig einen Kälteschutz;

◆ und vor allem: höchstens 15 bis 25 Minuten in der prallen Sonne liegen.

◆ Solarien sind für junge Menschen nicht mehr zu empfehlen. Man weiß inzwischen, daß die Haut ein Leben lang keinen Sonnenschaden „vergißt".

feuchte oder trockene Haar eingeknetet. Alter Trick: Auch mit klarem Wasser, das mit einer Sprühflasche (wie fürs Bügeln) aufs Haar gesprüht wird, kommen die Locken wieder mehr zur Geltung.

Für alle Haar–Typen: Grundsätzlich sollte man Shampoos nur sparsam verwenden (es muß sich kein Schaum bilden, damit die Haare sauber werden). So kurz wie möglich einwirken lassen (Ausnahme: Shampoos mit Spülung) und sehr gründlich auswaschen. Scharfe Kämme, Bürsten, heiße Lockenstäbe und Heißluft greifen auch gesundes Haar an. So oft wie möglich die Haare an der Luft trocknen lassen. Wenn gefönt wird – möglichst aus größerer Entfernung und bei milder Hitze. Soll das Haar Volumen bekommen, sind große Lockenwickler (sie müssen aber eine glatte Oberfläche haben) besser als das Fönen über eine Bürste.

Die berühmten hundert Bürstenstriche am Tag tun den Haaren – wie man inzwischen weiß – nicht gut: Es werden unnötig Haare ausgerissen und das Fett wird in den Haaren verteilt. Eine gute Durchblutung der Kopfhaut kannst Du auch auf andere Weise erreichen: mit den Fingerspitzen systematisch den ganzen Kopf leicht massieren, die Haare aber nicht ziehen oder rubbeln. Der Effekt wird verstärkt, wenn Du dabei den Kopf nach unten hängen läßt.

Wieviel Sonne tut Haut und Haaren gut?

Die Antwort heißt leider: Sonne ist für Haut und Haare überhaupt nicht gut. Sie trocknet aus und macht die Haut vorschnell alt und faltig (was allerdings meist erst nach dem 40. Lebensjahr so richtig sichtbar wird.) Wegen der dünner werdenden Ozonschicht

sind Sonnenstrahlen sogar zunehmend gefährlich: Sie wirken stark krebserregend. Auch wenn Du es inzwischen nicht mehr hören kannst: In der prallen Sonne zu braten ist gesundheitsschädlich. Dagegen ist es nicht nur ungefährlich, sondern sogar gesund, sich bei schönem Wetter viel im Freien zu bewegen oder im Schatten draußen aufzuhalten. Auch im Schatten oder Halbschatten kann man die Wohltaten der Sonne genießen: Sonnenlicht aktiviert den Kreislauf und den Stoffwechsel, regt die Hormontätigkeit der Drüsen an, macht gute Laune, stärkt damit das Immunsystem und hat eine heilende Wirkung bei schweren Hauterkankungen wie Akne oder Schuppenflechte. (Aber auch im Schatten unbedingt eincremen!)

Schöne Hände und Nägel

Die Hände sind unser "Vorzeigematerial". Psychologen haben herausgefunden, daß die meisten Menschen beim Kennenlernen ihrem Gegenüber erst aufs Gesicht, dann auf die Hände schauen. Ob Deine Hände lang und schmal oder eher knubbelig aussehen, darauf hast Du keinen oder nur sehr wenig Einfluß (ein bißchen Handstyling läßt sich durch Fingergymnastik erreichen – siehe Kasten auf dieser Seite). Aber gepflegt kann jede Hand wirken.

Hände mehrmals täglich waschen. Klingt banal, ist aber gar nicht so selbstverständlich. Gut abtrocknen, damit die Haut nicht rissig wird. Die Nagelhaut mit dem Handtuch vorsichtig nach hinten schieben. Einmal am Tag die Hände sorgfältig eincremen.

Alle ein bis zwei Wochen: Nagelpflege. Dazu die Hände ein paar Minuten in warmes Wasser tauchen,

Handstyling – Übungen für schöne Hände

Bei der Gymnastik werden sie meist vergessen – dabei sind gerade die Hände häufig besonders verspannt (zum Beispiel wenn man viel geschrieben hat) Das hilft und macht die Finger geschmeidig:

◆ Mit der linken Hand die Finger der rechten Hand packen und nach hinten – zum Arm hin – beugen, so weit es geht. Bis zehn zählen, dabei tief atmen. Hand wechseln.

◆ Beide Arme waagrecht vor dem Körper ausstrecken, Finger ineinanderflechten, Hände umdrehen (so daß die Innenflächen vom Körper wegzeigen), kräftig dehnen.

◆ Mit Knien und Händen auf den Boden: Hände so aufstützen, daß die Finger nach hinten zum Körper zeigen, den Körper mit seinem Gewicht langsam nach hinten verlagern – so werden die Handgelenke gedehnt. Tief dabei atmen und bis zehn zählen.

◆ Zum Abschluß: Finger einzeln durchkneten.

Was hilft gegen Nägelkauen?

◆ Laß Dich nicht verunsichern: Nägelkauen ist nur selten – wie Psychologen manchmal behaupten – Symptom einer ernsten psychischen Störung (da müßten noch andere Verhaltensauffälligkeiten dazukommen!). Aber: Nägelkauen ist ganz sicher ein Zeichen innerer Anspannung und Nervosität. (Lies dazu den Abschnitt über Entspannung ab Seite 72.)

◆ Beobachte Dich: In welchen Situationen knabberst Du ganz automatisch an den Nägeln – beim Lesen, Fernsehen, bei den Hausaufgaben? Schreib auf, was Du herausgefunden hast.

◆ Bitte Deine Freundin, Dich darauf aufmerksam zu machen, wenn Du, ohne es zu merken, wieder die Finger im Mund hast.

◆ Pflege Deine Nägel besonders intensiv. Je mehr Zeit Du für sie aufwendest, desto größer ist die Wahrscheinlichkeit, daß Du sie mit den Zähnen in Ruhe läßt.

◆ Bitte Deine Mutter, Schwester oder Freundin, Dir ab und zu eine Maniküre zu machen. Denn wenn Du Deine Hände regelmäßig "vorzeigen" mußt, paßt Du besser auf sie auf. (Falls Du es Dir leisten kannst: ein Termin bei der Kosmetikerin ist noch besser, weil man sich da eher schämt, mit häßlichen Nägeln zu erscheinen!)

◆ Sobald die Nägel lang genug sind, lackiere sie. Sofort nachlackieren, wenn sie blättern, sonst besteht Gefahr, daß Du am Lack herumknabberst.

damit die Nagelhaut weicher wird. Mit einer Sandblattfeile die Nägel auf gleiche Länge kürzen. Mit einer Polierfeile Unebenheiten auf dem Nagel ausgleichen. Nagelhaut mit Nagelhautentferner aufweichen und mit einem Holzstäbchen sanft zurückschieben. Hautzipfel mit einer feinen Schere oder Zange entfernen. Hände zum Schluß eincremen.

Pflege zwischendurch: Nägel regelmäßig nachfeilen, damit sie nicht einreißen. Ist es trotzdem passiert, gar nicht lange erst versuchen, den Nagel zu retten, sondern gleich abfeilen. Nagellackentferner enthalten heute nur noch ganz selten Azeton – der trocknet die Nägel nämlich aus.

Weiche Nägel: Ob die Nägel kräftig sind oder leicht brechen, das ist – ebenso wie die Haarqualität – Vererbungssache. Man kann sie nur schützen (Nagellack, Nagelhärter), aber nicht von Grund auf verändern. Sind Deine Nägel jedoch einmal auffällig brüchiger als sonst, besteht vielleicht ein Nährstoffmangel. Gelatinekapseln, Kieselerde und Heilerde (sie enthalten Silicate – die Bausubstanz von Nägel und Haaren) können dann helfen.

Besondere Aufmerksamkeit für die Füße

Sie werden oft behandelt wie Stiefkinder – dabei haben sie Schwerstarbeit zu leisten: Deine Füße tragen Dein ganzes Körpergewicht und schleppen Dich – so die Statistiker – im Laufe Deines Lebens 160 000 Kilometer weit, also rund viermal um die Erde. Rund 80 Prozent aller Jugendlichen haben bereits mehr oder weniger schlimme Fußschäden – Fehlstellungen der Knochen und Verformungen der Zehen. Ein bereits entstandener Fußfehler läßt sich zwar auch in

der Jugend nicht mehr in jedem Fall ganz ausbügeln – aber man kann noch sehr viel dafür tun, damit die Fehlentwicklung gestoppt wird.

Die richtigen Schuhe: Am besten sind Schuhe mit einem kleinen Absatz von zwei bis drei Zentimetern Höhe und die (oft ungeliebten) „Gesundheitslatschen". Hochhackige Pumps schwächen die Wadenmuskulatur und führen – wegen des falsch verteilten Körpergewichts – zu Deformationen der Knochen und Zehen. Daher solltest Du sie wirklich nur zu ganz besonderen Anlässen tragen. Auch Turnschuhe sind als Dauerlösung nicht empfehlenswert, sie verursachen langfristig Schweißfüße, weil die Gummisohle keine Luft durchläßt.

Gute Pflege: Alle zwei Wochen verdienen die Füße eine Sonderbehandlung. Zuerst baden und dem Wasser Rosmarin, Arnika oder Thymian zufügen. Danach die Hornhaut entfernen – mit Raspel, Bimsstein oder Peeling–Creme. (Es stimmt übrigens nicht, daß häufig entfernte Hornhaut noch stärker nachwächst!) Danach die Füße mit einem speziellen Fußgel oder jeder beliebigen Feuchtigkeitscreme massieren.

Zu lange Fußnägel werden mit einer Zange abgeknipst und danach zu einer geraden Linie gefeilt. (Niemals rund schneiden, damit sie nicht einwachsen!) Die Nagelhaut wie bei den Fingernägeln behandeln. Vor dem Lackieren immer einen Unterlack auftragen, damit die Nägel nicht gelb werden.

Vor dem gefürchteten Fußpilz schützt Du Dich am besten so: Im Schwimmbad und in der Sauna nie ohne Badelatschen gehen; nach jedem Waschen die Zehenzwischenräume sorgfältig trocknen; beim Sport nur reine Baumwollsocken tragen.

Zurück zur Natur?

◆ SCHADEN MIR DIE KONSERVIERUNGSSTOFFE IN DER HERKÖMMLICHEN KOSMETIK? Im Prinzip ja – denn wie sollen diese Substanzen den Unterschied erkennen zwischen einer unerwünschten lebenden Zelle (einer Bakterie) und einer Hautzelle. Aber für die meisten Verbraucherinnen ist die Menge . und Art der in Cremes enthaltenen Konservierungsstoffe wahrscheinlich unproblematisch. Wer aber zu Allergien neigt (oder grundsätzlich „ohne Chemie" leben möchte), sollte auf Naturkosmetik umsteigen.

◆ WAS IST ANDERS AN NATURKOSMETIK? Nicht jedes Präparat, das sich „biologisch" oder „natürlich" nennt, ist das auch wirklich. Echte Naturkosmetik enthält nur pflanzliche, keine tierischen Inhaltsstoffe (wie etwa Elastin oder Kollagen) und kann daher weitgehend auf Konservierungsstoffe verzichten (Weleda, Wala, Origins).

Lust auf Bewegung, Spaß mit Sport

*◆ Warum Bewegung so wichtig ist. ◆ Welche Sportarten
sind für wen geeignet? ◆ Tips für Sportmuffel. ◆ Ein
Sofortprogramm für Problemzonen. ◆ Was hilft gegen
Cellulite? ◆ Die ganz besonderen Übungen für Frauen.*

Das ist typisch für die Zeit der Pubertät: Warst Du als
Kind gar nicht zu stoppen in Deinem Bewegungs-
drang, so wirst Du jetzt scheinbar träger. Mehr als zu
toben und herumzulaufen, genießt Du es plötzlich,
allein oder mit Deiner Freundin einfach herumzusit-
zen und zu reden. Konntest Du es früher gar nicht
erwarten, morgens aufzustehen und bei schönem
Wetter mit dem Rad oder auf Rollschuhen draußen
herumzusausen, möchtest Du jetzt an freien Tagen
am liebsten bis mittags im Bett dösen. Das ist eine
ganz natürliche Begleiterscheinung der großen Umstellung, die Du – körperlich und seelisch – leisten
mußt. Wenn Du in ein paar Jahren wieder mehr eins
bist mit Dir selbst und Deinem Körper, wird sich vermutlich auch Dein gewohnter „Sportsgeist" melden
und sich wieder durchsetzen. Aber nicht alles solltest
Du jetzt mit den Stimmungstiefs und den anstren-
genden seelischen Vorgängen des Erwachsen-Werdens entschuldigen. Oft ist es auch ganz einfach Faul-
heit, die Dich zu Hause hält. Dabei sind Bewegung
und Sport in der Pubertät besonders wichtig: Sie helfen gegen die typischen Kreislaufstörungen bei
Wachstumsschüben, hellen Deine Psyche auf, beugen vor gegen den Babyspeck, der sich bei vielen
Teenagern ansetzt. Bewegung macht Deinen Körper

schön und harmonisch, löst Verspannungen, die Dich auf Dauer ganz schön quälen würden, steigert Deine Widerstandsfähigkeit – auch in den jetzt unvermeidlichen Streßzeiten. Und nicht zuletzt: Durch Bewegung an frischer Luft kannst Du der lästigen Pickelplage erfolgreich begegnen.

Sportarten, die wenig kosten und viel bringen

Grundsätzlich hat sportliche Aktivität immer diesen Effekt: Sie bringt den Kreislauf auf Touren, regt die Durchblutung an, versorgt den Körper – durch die tiefere Atmung – mit mehr Sauerstoff, kräftigt Muskeln und Gelenke, fördert den Stoffwechsel und eine vielleicht zu träge Verdauung. Darüber hinaus bieten die verschiedenen Sportarten und Bewegungsformen aber auch noch ganz spezielle Vorteile. Hier sind Informationen über sportliche Aktivitäten, für die Du keine teure Ausrüstung brauchst und die sich auch dann gut für Dich eignen, wenn Du nicht gerade zu den „Sportkanonen" zählen möchtest.

Gymnastik: Ob bei tänzerischer Jazz-Gymnastik, klassischen Bewegungsübungen oder Aerobic – bereits nach vier bis sechs Wochen Training ist der Effekt sichtbar. Der Körper wird straffer und wirkt schlanker. Bei schneller Fitness-Gymnastik (Aerobic, Cardio-Funk) verbesserst Du auch innerhalb kürzester Zeit Deine Kondition.

Tanzen ist heute einer der populärsten Bewegungsformen gerade unter Frauen. Auch dabei wird der Körper ganz von selbst schöner und harmonischer, die Bewegungen wirken anmutiger. Gleichzeitig werden Konzentration (schwierige Schrittfolgen!), Koordination und Rhythmusgefühl gestärkt. Für Einsteigerinnen besonders schön: Afrotanz. Für ehemalige Ballettschülerinnen: Jazz- und Modern Dance. Für alle: Bauchtanz.

Jogging bietet viele Vorteile: Man kann es fast überall und zu jeder Jahreszeit machen. Es kostet nichts, und auch die Ausrüstung ist nicht aufwendig. Der ganze Körper wird beim Laufen mit Sauerstoff versorgt und gestrafft, die Kondition steigert sich innerhalb kürzester Zeit. Weniger anstrengend: Walking – schnelles Gehen, etwa eine Stunde lang.

Schwimmen hat – ähnlich wie Jogging – den Vorteil, daß es den ganzen Körper trainiert. Fast alle Muskelgruppen werden dabei aktiviert. Und durch das Gefühl von Schwerelosigkeit im Wasser wird man nicht so schnell müde. Auch ein Pluspunkt: Ein durch langes Sitzen am Schreibtisch überanstrengter

So läufst Du richtig los!

◆ Nur auf Schuhen mit stoßdämpfender Sohle;

◆ Kleidung: nach dem „Zwiebel-Prinzip" übereinander T-Shirt, Sweatshirt, Blouson anziehen, damit Dir weder zu heiß noch zu kalt wird;

◆ Laufen auf Asphalt belastet die Gelenke. Starte daher erst im Park.

◆ Ganz wichtig: Langsam starten. Zuerst nur schneller gehen, dann langsam laufen, bis der Körper durchwärmt ist. Die Geschwindigkeit steigert sich dann von selbst. Auch am Ende: nicht abrupt aufhören, sondern allmählich langsamer werden.

◆ Deine ideale Laufgeschwindigkeit kannst Du an der Pulsfrequenz messen. Bevor Du losläufst, sechs Sekunden lang messen, die Zahl mit zehn multiplizieren. Beim Laufen soll sich diese Zahl nicht mehr als verdoppeln.

◆ Anfängerinnen: häufig Pausen einlegen. Aber nicht stehenbleiben, sondern langsam gehen. Bei Seitenstechen: Arme erst nach oben strecken, dann nach unten beugen und dabei tief ausatmen.

◆ Alle zwei Tage 15 bis 25 Minuten laufen ist besser als einmal in der Woche eine Stunde.

Tips für Sport- und Bewegungsmuffel

◆ Wähle eine Sportart, die gut in Deinen Alltag paßt, damit Du möglichst regelmäßig trainieren kannst.

◆ Sportklub, Fitness-Studio, Tennisanlage sollten in erreichbarer Nähe sein, damit Du nicht die lange Anfahrt als bequemen Entschuldigungsgrund heranziehen kannst.

◆ Freude am Sport setzt eine gewisse Begabung voraus: Wer kein Ballgefühl hat, quält sich unnötig beim Tennis; wer von Natur aus das Wasser scheut, wird nie eine gute Schwimmerin. Höre auf Deine innere Stimme.

◆ Experimentiere, bevor Du Dich für eine bestimmte Sportart entscheidest: Nimm Probestunden mit geliehener Ausrüstung. Begleite Freunde zu ihrem Sportklub und schau Dich da um.

◆ Zu zweit ist man besser motiviert. Überrede Deine Freundin, mit Dir zu sporteln. Oder schließe Dich sportbegeisterten Freunden an.

◆ Ping Pong, Federball, Rollschuhfahren – das sind spielerische Aktivitäten, mit denen Du Deine vielleicht verlorengegangene Bewegungsfreude auf einfache Weise wiederentdeckst.

◆ Vermeide lange Trainingspausen – vor allem im Winter. Je regelmäßiger Du sportelst, desto weniger mußt Du Dich jedesmal dazu überwinden.

Rücken kann sich beim Rückenschwimmen besonders gut erholen. Wichtige Tips für Schwimmerinnen: Möglichst nur in warmem Wasser trainieren, damit der Körper nicht so schnell auskühlt; nicht mit vollem Magen schwimmen; das Training von 10 Minuten auf 30 steigern; lieber langsam schwimmen, dafür aber länger durchhalten, bevor eine Verschnaufpause eingelegt wird.

Radfahren ist ideal für Mädchen, die „keine Zeit" haben für Sport. Sie brauchen bloß ihre täglichen Wege mit dem Rad zurückzulegen und dabei kräftig in die Pedale zu treten! Dabei werden ganz automatisch Po und Oberschenkel gestrafft und der Kreislauf in Schwung gebracht. Damit ein Figur-Erfolg sichtbar wird, mußt Du allerdings mindestens jeden zweiten Tag 30 Minuten radeln.

Kampfsport wird immer beliebter, auch und gerade bei Frauen. Fast alle angebotenen Kampfsportarten stammen aus Asien, wo sie schon seit langem als Methode körperlicher, aber auch geistiger Entwicklung gelehrt werden. Ziel ist nicht allein die Beherrschung unterschiedlicher Techniken, sondern auch Konzentration und innere Gelassenheit. Fast alle Kampfsportarten kommen ohne Waffen aus (Ausnahmen: Kyudo, das Bogenschießen; Kendo, der Kampf mit Stöcken). *Wendo* ist eine Selbstverteidigungstechnik speziell für Frauen (wird in Frauenzentren und Volkshochschulen unterrichtet). Besser für Mädchen geeignet als die harten Kampfsportarten (Karate, Kung-fu) sind *Aikido und Judo*. Wichtig: Regelmäßiges Training dieser Methoden macht Mädchen sicherer im Auftreten, baut Angst ab und verringert damit die Gefahr tätlicher Angriffe. Dazu der Spruch eines japanischen Aikido-Meisters: Aiki-do führt nicht dazu, daß man jeden Angreifer besiegt – es führt dazu, daß man nicht mehr angegriffen wird.

Gymnastik zu Hause – ein Sofortprogramm für „Problemzonen"

Egal, ob Du gar keinen Sport treibst (Dir auch für den Schulsport Entschuldigungen schreiben läßt) oder recht regelmäßig trainierst – Du kannst auch zu Hause (zusätzlich) viel für Deinen Körper tun. 15 bis 20 Minuten täglich genügen, um Deine Figur zu verschönern, zu straffen und Dich mit wenig Aufwand in Form zu halten. Hier ist ein Minimalprogramm für jeden Tag:

Für den Bauch: Auf den Rücken legen, Beine (auseinander)aufstellen, Kreuz auf den Boden drücken, Fingerspitzen seitlich an den Kopf legen. Den Oberkörper anheben, halten und dabei bis fünf zählen, absenken. Das Ganze acht- bis zehnmal wiederholen. Atmen dabei nicht vergessen!

Für die Oberschenkel: Drei unterschiedliche Übungen sind nötig. Für die *Innenseiten* der Schenkel: Aufrecht stehen, Beine grätschen (aber nur soweit, wie Du sicher stehst.) In die Knie gehen, beide Fersen heben, kurz halten. Zehnmal wiederholen. (Wer Gleichgewichtsprobleme hat, hebt die Fersen nicht gleichzeitig, sondern abwechselnd.) Für die *Außenseiten*: Auf die Seite legen, die Beine sind übereinander, Oberkörper auf Ellenbogen stützen. Das oben liegende Bein mit durchgedrücktem Knie *langsam* heben (nicht hochreißen) und wieder senken. Achtung: Die Hüfte muß dabei etwas nach vorne gekippt werden. Zehnmal wiederholen. Seite wechseln.

Ist das schon Cellulite?

Cellulite kommt auch schon bei ganz jungen – und schlanken – Mädchen vor. Die Ursache für die Dellen (vor allem auf den Oberschenkeln): ein schwaches Bindegewebe – und das ist erblich. Falsche Ernährung und Übergewicht verschlimmern das Problem. Wer zu Cellulite neigt, hat das ganze Leben damit zu tun. Es ist also wichtig, sich gute Gewohnheiten anzueignen. Die wichtigsten Anti-Cellulite-Maßnahmen:
- ♦ ideale Sportarten: Joggen, Schwimmen, Gymnastik;
- ♦ Wechselduschen;
- ♦ regelmäßig die gefährdeten Stellen kneten und massieren, eventuell mit Spezialcremes;
- ♦ viele tägliche Wege zu Fuß (aber schnell gehen) oder per Rad (kräftig treten!) erledigen;
- ♦ viel Wasser trinken.

Für die Rückseite: Bäuchlings auf dem Boden liegen, die Arme nach vorne strecken, die Hände flach auflegen und den Oberkörper ein wenig anheben. Abwechselnd jedes Bein *langsam* heben und senken. Jede Seite fünfmal mit gestreckter und fünfmal mit angezogener Fußspitze.

Für den Po: Auf dem Rücken liegen, Beine locker aufstellen, Hände im Nacken verschränken. Hüften vom Boden wegheben, den Po so fest es geht zusammenkneifen, halten (aber nicht die Luft anhalten!) und bis sechs zählen, absenken. Diese Übung zehnmal wiederholen.

Eine ganz besondere Übung für Frauen

Es gibt einen Muskelbereich in Deinem Körper, den Du vielleicht noch nie bewußt „trainiert" hast – die Muskeln im Inneren der Scheide (in der Fachsprache: Beckenbodenmuskulatur). Es sind die Muskeln, die sich bei einem sexuellen Höhepunkt unwillkürlich rhythmisch zusammenziehen. Und es sind auch die Muskeln, die Du willkürlich anspannst, wenn Du dringend mal „mußt" – es aber keine Toilette in der Nähe gibt. Je kräftiger und lebendiger die Beckenbodenmuskulatur, desto größer der sexuelle Genuß (und desto problemloser verlaufen später Schwangerschaften). Normalerweise sind die Beckenbodenmuskeln bei einem jungen Mädchen noch ganz straff, sie werden erst schlaffer durch Geburten oder ganz allgemein beim Älterwerden, vor allem bei Frauen mit Bindegewebsschwäche und/oder mit einem sitzenden Beruf. Sie schon jetzt regelmäßig zu trainieren, hat einen enormen Vorteil: Die Übungen (auch „Kegelübungen" genannt) bringen mehr Bewußtheit, mehr „Lebendigkeit" in diese Körperregion und steigern die sexuelle Empfindungsfähigkeit. Das Prinzip ist ganz einfach: Du spannst den Beckenboden an und läßt danach wieder los. Wichtig: Versuche beim Üben Aftermuskulatur und Beckenbodenmuskulatur zu trennen. Am wirkungsvollsten: In vier Etappen anspannen und danach stufenweise wieder loslassen. Dabei nicht den Atem anhalten. Und das ist besonders wichtig: Die Übung mit einer leichten Anspannung beenden – damit ein gewisser Tonus in diesem Bereich erhalten bleibt. Diese inneren Übungen kannst Du überall zwischendurch machen – am Schreibtisch, beim Zähneputzen oder beim Warten an der Kasse im Supermarkt. Dreimal täglich jeweils fünfmal anspannen – das genügt.

Richtig essen, gesund genießen

◆ *Gesundes Essen – ein Reizwort?* ◆ *Einfache Regeln für eine bessere Ernährung.* ◆ *Gute und weniger gute Nahrungsmittel.* ◆ *Die Lust auf Süßes – was steckt dahinter?* ◆ *Die ewige Angst, zu dick zu sein.* ◆ *Was tun gegen Babyspeck?* ◆ *Magersucht – was heißt das eigentlich?*

Über kaum ein Thema werden wir von klein auf mit so vielen widersprüchlichen Theorien konfrontiert wie über die Essens-Frage. Was gesund ist und was nicht, was dick macht und was schlank – jeder vertritt dazu seine eigene Meinung. Als Kleinkind hast Du immer wieder gehört, daß Du aufessen mußt, um groß zu werden. Jetzt, in der Pubertät, hält man Dir vielleicht ständig vor: Paß auf, daß Du nicht zu dick wirst! Sagt Dir alle Welt draußen, daß nur Vollwertkost gesund ist, vertreten Deine Eltern vielleicht die Ansicht, das sei nur neumodischer Unsinn. Mit einiger Wahrscheinlichkeit ist das ganze Thema für Dich reichlich belastet. Essen macht längst nicht mehr nur Spaß, sondern bringt Probleme. Hier sind ein paar Grundsätze, die Dir wieder mehr Klarheit bringen können.

Die zehn Regeln für besseres Essen

1. Abwechslungsreiche Mischkost mit allen Nahrungsmitteln, die Deine Umwelt bietet, ist besser als jede Ernährungstheorie oder Wunderkur. Gerade im Bereich der Ernährung gibt es immer wieder neue Meinungen. Mal soll man Eiweiß und Kohlenhydrate auf keinen Fall mischen („Trennkost"), mal bis zum

Mittagsläuten nur Obst essen („Fit for Life"). Die meisten dieser extremen Ernährungsformen machen weder schlank noch gesund, und einige sind sogar ausgesprochen ungesund.

2. Gesund essen heißt immer: möglichst viele frische Zutaten verwenden. Also Gemüse und Obst frisch auf dem Markt kaufen und schnell verzehren – entweder (kurz) gedünstet oder immer wieder auch mal roh. Wer in der Schule/Kantine ißt, kann das Essen durch Obst oder rohes Gemüse (Karotten) ergänzen. Falls Du Dich mittags selber versorgen mußt: Tiefgekühltes Gemüse ist besser als Konserven.

3. Beim Fleisch heißt es zurückhaltend sein. Es ist viel weniger gesund als früher angenommen. Die hohe Wertschätzung stammt aus einer Zeit, in der die meisten Menschen sich nur ganz selten (einmal in der Woche) Fleischgerichte leisten konnten. Auch Jugendliche, die noch wachsen müssen, brauchen nicht in erster Linie Steaks oder Koteletts, um „stark" zu werden. Fleisch enthält keine Ballaststoffe, aber sehr viel verstecktes Fett. Viele der modernen Zivilisationserkrankungen (Krebs, Herzinfarkte, Gicht) gehen vermutlich zum Teil auf unseren hohen Fleischkonsum zurück. Bist Du daran gewöhnt, viel Fleisch zu essen: Versuche umzudenken! Betrachte Fleisch in Zukunft als Beilage – und Beilagen, wie Gemüse und Kartoffeln, als Hauptgericht. Übrigens ist auch Umweltbewußtsein ein Grund, den Fleischverzehr einzuschränken. Durch die vermehrte Tierhaltung leiden die Ackerböden (zuviel Gülle). Und mit Getreideanbau kann man vergleichsweise sehr viel mehr Menschen ernähren als mit Böden, die als Weideland für Schlachttiere dienen.

4. Vollkornprodukte gehören jeden Tag auf den Teller, also Brot, Naturreis, Müsli oder auch nicht zu süße Riegel zum Knabbern zwischendurch. Ihr Vorteil: Sie enthalten pflanzliches Eiweiß, Ballaststoffe (wichtig für den Darm und die Verdauung), Mineralien, B-Vitamine. Regelmäßig genossen verringern sie die Lust auf Süßigkeiten.

5. Milchprodukte liefern Kalzium (wichtig fürs Wachstum) und Eiweiß. Quark ist außerdem ganz besonders gut für die Leber (durch die vielen Schadstoffe in der Nahrung ist sie heute auch schon bei jungen Menschen belastet). Buttermilch und Naturjoghurt pflegen den Darm, weil sie Milchsäurebakterien enthalten. Vielleicht auch bei Dir beliebt, aber leider keine gute Wahl: Fruchtjoghurts. Sie enthalten mehr Zucker, Bindemittel, Konservierungs- und Aromastoffe als gesunde Nährstoffe.

6. Junk-Food – so selten wie möglich! Das Wort „Schrottessen" haben die Amerikaner selbst geprägt, die Erfinder dieser Art, sich zu ernähren. Und es bringt die Sache auf den Punkt: In einem Hamburger sind so gut wie keine Nährstoffe mehr enthalten. Als Dauerernährung also keine Alternative! Übrigens wieder nicht nur aus gesundheitlichen, sondern auch aus Umweltgründen. Auch wenn sie das immer wieder leugnen werden: Die multinationalen Junkfood-Hersteller sind mitverantwortlich für die Abholzung und Zerstörung der Landwirtschaft in vielen Teilen der Erde. Ackerböden werden zu Weideland für die Fleischfabriken. Wenn Du aus Zeitgründen an vielen Tagen der Woche auf Fertigkost angewiesen bist: Auch Naturkostläden bieten (vegetarische) Imbisse an. Probier mal aus, wie Dir die schmecken.

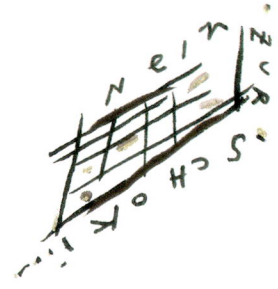

7. *Wenig Zucker und Süßigkeiten!* Weißzucker in allen seinen Formen raubt Mineralien (vor allem Kalzium) aus dem Organismus. Außerdem verderben Süßigkeiten den Appetit – man ißt automatisch weniger gesunde und nährstoffreiche Sachen. Wichtig: In den Pubertätsjahren haben viele Jugendliche einen „Kariesschub". Daher solltest Du Deine Zähne

jetzt nicht zusätzlich durch Bonbons oder Limonaden gefährden. Bonbons mit künstlichen Süßstoffen sind für „Dauerlutscher" eventuell eine Alternative, sie greifen die Zähne nicht an und klauen dem Körper keine Mineralien. Trotzdem sind solche Süßigkeiten nicht unproblematisch, weil sie die Gier auf Süßes aufrechterhalten.

8. *Abwechslungsreich essen.* Das ist längst kein Luxus mehr, sondern zu einer wichtigen Gesundheitsvor-

sorge geworden. Die Gefahr, zu viele Schadstoffe einer bestimmten Sorte im Körper zu speichern, ist dann geringer als bei einseitiger Enährung. Übrigens: Selbst bei Waren aus dem Reformhaus kannst Du nicht ganz sicher sein, daß sie frei sind von chemischen Zusätzen. Gewöhn Dir daher an, den Aufdruck genau zu lesen. Nach einem neuen Gesetz sind die Hersteller sogenannter Bio-Waren verpflichtet, genaue Angaben zu machen. Relativ sicher sind Produkte von Demeter (auch bei Frischware) und solche mit dem Aufdruck „neuform".

9. Viel trinken. Ärzte sagen, daß der Körper zweieinhalb bis drei Liter Flüssigkeit am Tag braucht (im Sommer und bei sportlicher Aktivität sogar noch mehr). Damit Du eine Vorstellung von der Menge hast: Vier Tassen Tee ergeben gerade mal einen halben Liter. Gute Getränke: Mineralwasser, Leitungswasser (nicht in allen Gebieten Deutschlands. Muß man beim Gesundheitsamt erfragen!), Kräutertee und verdünnte Fruchtsäfte. Alkoholische und stark zuckerhaltige Getränke stillen nicht den Flüssigkeitsbedarf des Körpers, sondern trocknen ihn im Gegenteil sogar noch mehr aus.

10. Falls Du zu den Mädchen gehörst, die mit gesunder Ernährung überhaupt nichts zu tun haben wollen: Lerne kochen! Das ist der beste Weg, um die sinnliche Freude an der Zubereitung frischer Lebensmittel zu entdecken. Fang einfach damit an, für Dich selber, Deine Geschwister, Deine Freunde zu kochen. Vielleicht nach einem italienischen oder einem Vollwert-Kochbuch. Auch zur sogenannten „Körnerkost" findet leichter, wer lernt, selber Buchweizenplätzchen oder Tofuschnitzel zuzubereiten.

Auf einen Blick: Was guttut und was nicht

◆ HIER DARFST DU RICHTIG SCHLEMMEN: Ahornsirup, Honig, Fruchtdicksaft, kleine Mengen Trockenfrüchte; Naturreis, Hafer, Buchweizen, Hirse, gemischtes Müsli, Kartoffeln, Hülsenfrüchte, frisches Gemüse und Obst; Tofu, Hähnchen, Pute, Fisch, Lammfleisch, kleine Mengen von Rind- und Schweinefleisch; ungesüßte Milchprodukte, rohe ungesalzene Nüsse, Butter, kaltgepreßtes Olivenöl, Sonnenblumen- und Sesamöl, Kräutertees, Mineralwasser.

◆ HIER SOLLTEST DU DICH ZURÜCKHALTEN: Weißer und brauner Zucker, Süßstoffe, alle Weißmehlprodukte, Gemüse-Konserven, geräucherte und chemisch behandelte Fleischwaren; geröstete und gesalzene Nüsse, gehärtete Fette, Schokolade, jede Form von Fritiertem, Kaffee, Alkohol, Cola- und Diätgetränke, Austern und Muscheln (wegen der Meeresverschmutzung).

◆ VERBOTEN: Thunfisch – weil der Thunfischfang zum großen Fischsterben in den Weltmeeren führt. In den Treibnetzen verfangen sich auch Delphine und Wale.

Immer diese Gier auf Süßes – was steckt dahinter?

Heißhunger auf Schokolade, Dauerlutschen von Bonbons, kein Nachmittag ohne ein süßes Hörnchen, kein Kinobesuch ohne Gummibären – spätestens in der Pubertät wird die Lust auf Süßigkeiten zum Problem. Denn jetzt beginnst Du an Deine Figur zu denken und überhaupt bewußter zu leben. Aber die Sucht nach Süßem ist oft stärker als alle guten Vorsätze. Was steckt dahinter?

Naschen für die Seele: Essen dient nicht nur dazu, unseren Körper zu ernähren – es nährt auch die Seele. Psychologen sagen, daß Zucker (zusammen mit Alkohol, der neben dem gewünschten Rauschzustand in erster Linie Zucker liefert) am häufigsten dazu ge- und mißbraucht wird, seelische Anspannung zu lindern. Wie sehr ein Mensch dazu neigt, mit dem Essen vor allem seelische Bedürfnisse zu stillen, wird stark von seinen Erfahrungen als Kind geprägt. Vielleicht hast Du Dich früher ein wenig vernachlässigt gefühlt, weniger geliebt als Deine Geschwister, wurdest häufig mit Süßigkeiten belohnt oder beruhigt. Vielleicht haben die Eltern auch vorgelebt, daß Essen und Naschen Trostspender sein können. Oder Deine Mutter hat versucht, über das Kochen die Anerkennung und Bestätigung zu bekommen, die ihr fehlte – und damit ihren Kindern die Botschaft mit auf den Weg gegeben, daß „Liebe durch den Magen geht". Mach Dir keine Sorgen: Du bist mit Deiner Naschsucht nicht gleich ein Fall für den Psychiater; aber es ist gut, Dir Deine Verhaltensmuster bewußtzumachen. Wenn Du zu den Menschen gehörst, die ihre Lust auf Süßes nicht beherrschen können und

Naschkatzen melden sich zu Wort

◆ ANNETTE, 13: „ Ich war schon immer ganz wild auf Süßes. Ich lebe bei meiner Großmutter, weil meine Mutter geschieden und berufstätig ist. Wenn ich am Wochenende zu ihr gehe, hat sie immer Kuchen und Eis gekauft, um mir eine Freude zu machen. Und wenn ich dann zu meiner Oma zurückkomme, will die mir auch die Rückkehr versüßen. So geht das immer."

◆ SYLVIA, 17: „ Bei mir kommt das nur sporadisch. Da esse ich dann gleich eine ganze Tafel Schokolade in einem Stück, und dann ist wieder ein paar Wochen Ruhe."

◆ LYKA, 15: „ Meine Eltern sind Anthroposophen, deshalb habe ich zu Hause nie Süßigkeiten bekommen. Aber das ändert gar nichts. Ich stopfe mich bei meinen Freundinnen damit voll."

◆ NICOLE, 17: „ Meine Mutter steckt die Süßigkeiten immer weg und gibt sie mir nur am Wochenende. So ist das bei mir mit dem Naschen schon ein bißchen besser geworden."

* EVELYN, 16: „ In den Ferien habe ich damit überhaupt keine Probleme. Da denke ich nicht mal an Süßigkeiten. Aber dann kommt wieder die Schule mit dem ganzen Streß, und dann geht es gleich los. Vor der Schule ist ein Laden, bei dem wir uns alle immer eindecken."

sich ständig beim Naschen erwischen, dann frag Dich: Wie sind die Eßgewohnheiten in unserer Familie? In welchen Situationen kann ich mich am wenigsten beherrschen? Gibt es andere Möglichkeiten, wie ich die Leere in mir füllen kann?

Naschen, weil der Blutzuckerspiegel zu tief ist: Wenn die letzte Mahlzeit einige Zeit zurückliegt, sinkt der Blutzuckerspiegel. Das ist ein ganz natürlicher Vorgang: Es entsteht Hunger, aber auch eventuell Lust auf Süßes. Bei der nächsten Mahlzeit schüttet der Körper das Hormon Insulin aus, das den Zucker in die Zellen transportiert, und damit ist die Sache bis zum nächsten Absinken des Blutzuckers wieder ausgeglichen. Es gibt aber sehr viele Menschen, bei denen dieser Zuckerstoffwechsel gestört ist. Der Blutzuckerspiegel ist ständig ein wenig zu tief (Fachausdruck: Hypoglykämie. Nicht zu verwechseln mit der Zuckerkrankheit, einer schweren Erkrankung, bei der im Organismus kein Insulin mehr gebildet wird). Das setzt einen Teufelskreis in Gang: Der Organismus meldet Gier auf Süßes, und man gewöhnt sich an, diesen Appell sofort mit Zuckerkram zu beantworten. Weißer Zucker geht so schnell ins Blut, daß vorübergehend Ruhe herrscht. Aber die gefährliche Kehrseite: Dabei wird soviel Insulin ausgeschüttet, daß der Blutzuckerspiegel nach kurzer Zeit erneut absackt. Typische Anzeichen dafür, daß bei der Naschsucht auch Hypoglykämie im Spiel ist: Das Hungergefühl ist begleitet von Konzentrationsschwäche, Kopfweh, ein bißchen Schwindel, Schwächegefühl. Die körperliche Ursache für die Sucht auf Süßes kombiniert sich übrigens oft mit seelischen Ursachen: Man hat als Kind gelernt, das Mangelgefühl,

Magersucht – ein Hilferuf der Seele

Zwei rätselhafte Krankheiten haben in den letzten Jahren sprunghaft zugenommen: Bulimie und Anorexie. Sie befallen vor allem Mädchen zwischen 15 und 20 Jahren und sind psychosomatische – also seelisch bedingte Erkrankungen.

◆ DER TYPISCHE AUSLÖSER DER KRANKHEIT: Das Mädchen entwickelt weibliche Formen in der Pubertät, bekommt vielleicht Babyspeck. Viele rigide Diät-Versuche können die Krankheit begünstigen.

◆ DIE ANZEICHEN: Das Mädchen beginnt Essen zu verweigern, wird scheinbar appetitlos, macht drastische Hungerkuren, um abzunehmen, nimmt – heimlich – große Mengen von Abführmitteln, steckt nach Mahlzeiten den Finger in den Hals. Die Hungertage werden oft von heimlichen Freßorgien (Bulimie) unterbrochen. Nach einer solchen Freßorgie bekommt das Mädchen schwere Schuldgefühle und hungert noch mehr.

das Leeregefühl – ob seelisch oder köperlich – mit Süßigkeiten vorübergehend zu beruhigen.

Was tun? Egal, ob nur seelische oder auch körperliche Ursachen eine Rolle spielen – gegen Zuckersucht hilft: viel gesunde Kohlenhydrate (das sind Zuckerlieferanten), also Vollkornprodukte und Hülsenfrüchte, essen. Alle drei Stunden – in jedem Fall, bevor sich das Leeregefühl meldet – eine Kleinigkeit zu sich nehmen: zum Beispiel ein Vollkornbrötchen oder ein Stück Obst. Der besondere Tip bei *Schokoladensucht:* Hinter Heißhunger auf Schokolade steckt auch oft Magnesiummangel. Beobachte doch mal: Meldet sich Deine Schoko-Sucht hauptsächlich in der Woche vor der Menstruation? Dann kannst Du sie als Sofortmaßnahme mit Magnesium-Brausetabletten bekämpfen. Und: Gegen jede Sucht hilft am besten Entzug. Wenn Du ein paar Wochen ganz auf Süßigkeiten verzichtest (auch auf Süßstoffe), erholt sich Dein Stoffwechsel.

Zu dick, zu dünn?

In der Pubertät wird sie plötzlich zum Thema: die Figur. Zum erstenmal stellt sich für Dich die Frage: Wie passe ich in die Normen unserer Zeit? Wieweit entspreche ich der Traumfigur – nicht zu klein, nicht zu groß, möglichst schlank, und dabei doch ausgeprägte weibliche Formen? Die wenigsten Frauen kommen diesem Ideal auch nur annähernd nahe, und die Wahrscheinlichkeit ist groß, daß auch Du nicht mit Deinem Spiegelbild zufrieden bist. Sprich doch mal mit anderen Mädchen. Am besten mit solchen, die in Deinen Augen dem Ideal weitgehend entsprechen. Du wirst staunen, wie kritisch sie sich selber sehen.

◆ DIE FOLGEN: starke Abmagerung, Zyklusstörungen, Ausbleiben der Menstruation, im schlimmsten Fall: Kreislaufkollaps, allgemeiner körperlicher Zusammenbruch.

◆ DIE SEELISCHEN URSACHEN: Das Mädchen lehnt den Wandel vom Kind zur Frau innerlich ab. Dahinter steckt Angst vor Sexualität, oft auch Ablehnung der Frauenrolle, wie sie beispielsweise von der Mutter vorgelebt wurde.

◆ DIE BEHANDLUNG: Psychotherapie. In schweren Fällen: Einweisung in eine psychosomatische Klinik. Wichtig: Leichte Vorstufen der Magersucht kennen sehr viele junge Mädchen. Dazu gehören: Schuldgefühle nach dem Essen, übertriebene Angst, dick zu werden, Hungertage. Ursache: die Angst, nicht schön genug zu sein, nicht den Ansprüchen der Welt – und der Männer – zu genügen. Meist werden diese Symptome überwunden, wenn das Mädchen positive sexuelle Erfahrungen gemacht hat und sich sicherer mit ihrer Weiblichkeit fühlt.

Das ist eine Bürde, die den Frauen noch immer auf-
gelastet wird: das Gefühl, nicht schön genug zu sein.

Falls Du jetzt als *Bohnenstange* durch die Lande
gehst: Du wirst vielleicht oft gehänselt, weil Du noch
keinen Busen und keinen Po hast. Dein Körper ist
eben schneller in die Höhe geschossen, als sich die
Formen entwickeln konnten. Dagegen hilft nicht
Mehr-Essen, sondern nur etwas Geduld. Bleibst Du
auch nach Abschluß der Pubertät schlaksig: Gymnastik und Bodybuilding bringen mehr Formen.

Falls Du plötzlich zum *Pummelchen* wirst: Das
kann eine Folge der Hormonumstellung sein (eventuell ist auch die Pille schuld – in diesem Fall vom
Arzt ein anderes Präparat verschreiben lassen). Vorsicht: Nicht alles, was sich jetzt auf Hüften und
Schenkel setzt, wächst sich von selber wieder aus.
Denk mal kritisch über Deine Lebensgewohnheiten
nach. Vielleicht bist Du ein bißchen bewegungsfau-
ler geworden, ißt aber weiterhin Deine Torten und
Chips. Die Lösung heißt: mehr Sport treiben und weniger Dickmacher essen. Und diese Regel gilt dann
für Dein ganzes Leben! Drastische Diäten oder Fa-
stenkuren sind für Teenager nicht erlaubt. Dein Körper muß noch wachsen, braucht deshalb Nährstoffe.
Außerdem beeinträchtigen Hungerkuren den Hor-
monzyklus, der jetzt in Gang kommen muß.

Und wenn Du rundum nicht zufrieden bist mit
Deiner Figur: Mach Dir klar, daß die heutigen Normen keine absoluten Wahrheiten darstellen. Wie oft
hat sich das weibliche Schönheits-Ideal im Lauf der
Zeit verändert! Eine Frau, die da jedesmal mitspielt
und sich anpaßt, würde damit sehr wenig Persönlichkeit und Eigenständigkeit beweisen!

Entspannung: Die Wunderkur für Körper und Seele

◆ *Die wichtigsten Methoden, um sich rundum zu entspannen und wohlzufühlen.* ◆ *Schnelle Hilfe gegen verspannte Körperzonen.*

Leistungsdruck in der Schule und Notenstreß, Ärger mit den Eltern oder dem jüngeren Bruder, Liebeskummer, Aufregung mit einem neuen Freund, am Wochenende Partystreß, Fernsehen und dazu die ständige Hektik im Straßenverkehr – das Thema Streß und Entspannung betrifft längst nicht mehr nur berufstätige Erwachsene. Auch Kinder und Jugendliche haben mit den typischen Folgeerscheinungen unserer atemlos schnellen, hektischen Zeit zu tun: Nervosität, Anspannung, schlechte Laune, Kopf-, Nacken- und Rückenschmerzen.

Entspannung – was heißt das eigentlich?

Die Natur hat vorgesorgt, damit wir Streß regelmäßig wieder abbauen: Normalerweise entspannen sich Körper und Geist in der Nacht beim Schlafen. In besonders angespannten Situationen weiß sich unser Körper durch zusätzliche Maßnahmen zu helfen: Wir fangen an zu gähnen (bringt mehr Sauerstoff in den Organismus), uns zu strecken (das entspannt die Muskeln) oder unwillkürlich zu seufzen (also tiefer zu atmen). Das sind unsere natürlichen Hilfsmittel gegen Streß. Aber seit Beginn der Menschheit gibt es auch Techniken und Methoden, um Spannung ganz bewußt und gezielt abzubauen. Sie alle machen deutlich, wie eng Körper und Seele miteinander verbunden sind. Wenn Du ein paar tiefe Atemzüge nimmst oder bewußt Muskeln lockerst (zum Beispiel beim Sport), verändert sich immer auch etwas in Deiner Stimmung. Und umgekehrt: Wenn sich Deine Laune bessert – etwa durch ein anregendes Gespräch, ein schönes Erlebnis mit Deinem Freund –, lösen sich auch Körperverspannungen.

Entspannungstechiken, die Du lernen kannst

Es gibt unzählige Möglichkeiten und Methoden, um Körper und Geist zu entspannen. Alle beruhen auf folgenden Erkenntnissen: bewußtes, tiefes *Atmen* in den Bauch entspannt; bewußtes *Anspannen und Loslassen* löst verkrampfte Muskeln; *Massage* durchblutet und lockert; durch *Vorstellungsübungen* (Konzentration auf innere Bilder) können angespannte Körperbereiche und innere Organe positiv beeinflußt werden.

Yoga ist eine 5000 Jahre alte Lehre aus Indien, die alle Bereiche des menschlichen Lebens betrifft. Bekannt im Westen ist davon vor allem das Hatha- oder Körperyoga. Es besteht aus einer großen Anzahl von Körperstellungen (asanas) und Atemübungen (pranayama), deren oberstes Ziel es ist, den ganzen Körper zu lösen und den Geist – die ständige Gedankenflut im Kopf – zu beruhigen. Die Übungen werden oft als komplizierte akrobatische Verrenkungen mißverstanden. Aber in Wirklichkeit kommt es beim Yoga nicht unbedingt darauf an, die Stellungen perfekt zu beherrschen. Von jeder Übung gibt es leichtere Vorstufen. Ihre Wirkung ist fast ebenso groß wie

die der komplizierteren Ausführung. Wichtig: Yoga solltest Du nicht nur aus Büchern lernen. Mindestens ein paar Einführungskurse sind notwendig, damit sich keine Fehler einschleichen.

Stretching heißt eine sehr beliebte Entspannungsmethode, die in Amerika erfunden wurde und in allen Fitness- und Tanzstudios angeboten wird.   Dabei geht es um gezieltes Strecken und Dehnen und Hineinatmen in verkrampfte oder verkürzte Muskeln. Viele Übungen wurden aus dem Yoga entlehnt. Stretching eignet sich besonders gut als Ausgleichsgymnastik für Sportbegeisterte.

Autogenes Training heißt eine sehr effektive Methode, bei der durch eine Art Selbsthypnose Muskeln, die Atmung, die Durchblutung und der Herzschlag beeinflußt werden. Die Methode wird von dafür ausgebildeten Ärztinnen und Krankengymnastinnen in zehn bis zwanzig Sitzungen gelehrt. Adressen bekommst Du über Deinen Hausarzt oder die Krankenkasse. Vorteil dieser Methode: Wenn Du sie beherrschst, kannst Du Dich damit ohne großen Aufwand vor wichtigen Prüfungen, Bewerbungsgesprächen und in allen ungewohnten, aufregenden Situationen beruhigen.

Massage ist seit Jahrtausenden in der ganzen Welt bekannt. Durch Kneten, Klopfen, Drücken, Reiben, Schütteln werden die verspannten Körperteile systematisch gelöst. Selbstmassage ist eine gute Alternative, wenn kein Partner da ist (besonders gut geht das bei Kopfweh, Nackenschmerzen oder müden Füßen).  Aber im Prinzip ist Massage sehr viel effektiver, wenn sie von einem anderen gegeben wird, weil man sich dabei unter seinen Händen entspannen und loslassen kann. Entspannungmassage mußt Du nicht lernen – höchstens üben. Jeder hat das Zeug dazu in den Händen (nur bei Verletzungen, Zerrungen und schweren Muskelverspannungen muß der Profi ran!). In vielen Ländern der Erde – zum Beispiel Indien, Indonesien – gehört es zum täglichen Leben, daß Familienmitglieder einander massieren. Vielleicht kannst Du diese gute Sitte auch in Deiner Familie einführen. Oder Du hilfst damit Deiner Freundin, Deinem Freund.

Schnelle Hilfe für verspannte Körperbereiche

Am meisten gefährdet bei uns Zivilisationsmenschen ist der Rücken: Auch wenn wir keine schwere körperliche Arbeit verrichten, wird er durch den aufrechten Gang und das Sitzen auf Stühlen täglich belastet. Bei Schülerinnen, Studentinnen und allen, die Schreibtischarbeit erledigen, sind oft auch die Augen und der Nacken überanstrengt. Eine weitere häufige Folge von Streß und langem, konzentriertem Brüten über den Hausaufgaben: Der Kopf tut weh. Was tun?

Blätter und Blüten fürs Wohlbefinden

LAVENDEL wirkt beruhigend. Ein paar Tropfen der Essenz aufs Kopfkissen geben oder auf einem Duftlämpchen neben dem Bett verdunsten lassen.

BERGAMOTTE wirkt beruhigend und kühlend und reinigt die Atmosphäre. Am besten schon eine Stunde vor dem Schlafengehen im Zimmer verdunsten lassen.

MUSKATELLERSALBEI löst Streß und macht den Kopf klar. Ein paar Tropfen in einer Duftlampe auf dem Schreibtisch verdunsten lassen.

PFEFFERMINZÖL entspannt und befreit von leichten Kopfschmerzen. Ganz wenig davon auf die Schläfen oder unter die Nase reiben. Vorsicht: Hände danach sofort waschen, damit das Öl nicht versehentlich in die Augen kommt.

MELISSE gilt schon seit jeher als „Trostpflanze der Frauen" und als gutes Mittel gegen Liebeskummer. Zwei Eßlöffel des Krauts in ein nicht zu heißes Bad geben, als Tee zubereiten oder als Tropfen einnehmen – das hilft gegen Verspannungen und Schlafstörungen.

JOHANNISKRAUT wirkt gegen (Pubertäts-) Depressionen. Als Tee trinken oder als Öl (Rotöl) in die Haut einmassieren. (Achtung: kann Allergien auslösen!)

Für den Rücken – die Schaukel: Auf den Boden legen, Arme vom Körper weg, Beine leicht geöffnet. Ein paar tiefe Atemzüge, dann die Knie anziehen und mit den Armen umfassen, Oberkörper leicht anheben und einige Male hin- und herschaukeln. *Katzenbuckel:* Auf alle viere gehen, Nacken senken, Kopf hängen lassen, einen runden Rücken machen, dabei ausatmen. Dann in die Gegenposition gehen: Rücken durchdrücken, Kopf in den Nacken legen. Dabei tief einatmen. Bis zu zehnmal wiederholen. Aber nicht schnell und ruckartig üben, sondern sanft und so langsam, wie es der Atem erlaubt. *Selbstmassage mit Tennisball:* Das hilft vor allem bei punktuellen Verspannungen, zum Beispiel am rechten Schulterblatt nach langer Schreibarbeit. Gegen eine Wand stellen, die Beine leicht geöffnet, dann leicht in die Knie gehen, mit dem Rücken einen Tennisball gegen die Wand drücken und über die schmerzende Stelle rollen. Und als Abschluß *Aushängen:* Aus dem Stand den Oberkörper langsam nach vorne beugen, Arme, Kopf und (wichtig!) auch den Nacken hängen lassen und dabei tief ausatmen. Diese Übungen solltest Du ohne jeden Ehrgeiz ausführen. Es ist nicht wichtig, daß Deine Hände bis zum Boden kommen.

Für den Nacken – Drehübung. Im Schneidersitz auf dem Boden sitzen, Augen schließen, den Kopf nach vorne hängen lassen und dabei tief atsatmen. Dann den Kopf wieder heben und langsam nach links bis „zum Anschlag" drehen. Dabei tief einatmen und langsam den Kopf zur Mitte zurückbringen. Dann zur anderen Seite. Ein paarmal wiederholen. Mit einer *Vorstellungsübung* aufhören: Stell Dir vor, Dein Kopf sei ein Wasserball, der auf der Fontäne eines Springbrunnens tanzt. Spüre wie er sich ganz leicht, fast unmerklich, auf dem Nacken bewegt. *Selbstmassage:* Auf alle viere gehen, den Kopf nach vorne beugen, bis Du Dich damit auf dem Boden abstützen kannst. Der Nacken zeigt jetzt nach vorne. Nun kannst Du mit den Fingern schmerzhafte Stellen aufspüren und durchkneten. Tief atmen. *Die Rückwärtsbeuge:* Auf den Boden legen und die geschlossenen, gestreckten (aber nicht durchgedrückten) Beine nach hinten über den Körper bringen. Die Füße sollten nicht frei in der Luft schweben. Wenn die Fußspitzen nicht mühelos den Boden erreichen, nicht forcieren, sondern hinter den Kopf mehrere dicke Kissen legen, so daß die Füße darauf abgelegt werden können. Die Lage soll so bequem sein, daß Du mehrere Minuten darin verharren kannst. Achte darauf, daß auch die Schultern entspannt auf dem Boden liegen.

Gegen Kopfschmerzen: Beginne mit einer *Selbstmassage*, bei der Du die folgenden Stellen reibst: die Schläfen, die Stelle in der Mitte der Stirn über der Nasenwurzel, an der Schädelbasis die Stellen rechts und links von den Halswirbeln. *Vorstellungsübung:* Setz Dich entspannt hin, atme tief, schließe die Augen. Mache Dir ein genaues Bild von Deinem Kopfschmerz: Wo sitzt er? Was ist das für ein Schmerz – pochend, reißend, ziehend? Wenn Du ihm eine Farbe geben solltest, welche wäre das? Welche Form hat er? Wie groß ist die Fläche in Zentimetern, die er einnimmt? *Zum Abschluß:* Pack eine heiße Kompresse in den Nacken und leg Dich ein paar Minuten hin. Atme ganz bewußt in die Stirn, die Schläfen und die Stelle zwischen den Augenbrauen.

Wenn die Augen müde sind

Sicher sind Deine Augen durch die tägliche Arbeit (Bildschirm!), die Konzentration im Straßenverkehr, das Lesen und Fernsehen angestrengt – auch wenn Du das vielleicht nicht so deutlich spürst. Überanstrengte Augen verursachen Kopfschmerzen – und machen oft vorzeitig Brillen nötig. Die folgenden Übungen beugen vor:
AUGENROLLEN: Bei geschlossenen Augenlidern, die Augäpfel in alle Richtungen rollen und dabei tief atmen.
AUGENFLATTERN: Die leicht geschlossenen Augenlider eine halbe bis eine Minute lang wie Schmetterlingsflügel auf den Augen flattern lassen.
Zum Schluß abdunkeln und wärmen: die Augenlider schließen und beide Hände leicht auf die Augen legen – nicht drücken. Der wohltuende Wärme-Effekt wird verstärkt, wenn Du Dich dazu vor oder unter eine Lampe setzt.

Zwei schlechte Gewohnheiten: Rauch und Rausch

◆ *Rauchen – am besten gar nicht anfangen!* ◆*Tips zum Abgewöhnen.* ◆*Alkohol: der Umgang will gelernt sein.* ◆ *Drogen – was sie sind, was sie bewirken.*

Auch das gehört zum Erwachsen-Werden: Plötzlich werden Dinge interessant und möglich, die früher für Dich tabu waren – Rauschmittel. Ganz sicher hast Du schon sehr unterschiedliche Argumente und widersprüchliche Ansichten darüber gehört. Und vielleicht bist Du bereits in Situationen gekommen, in denen Du Lust verspürt hast, selber auszuprobieren, was Drogen eigentlich sind. Je besser Du über dieses Thema informiert bist, desto leichter kannst Du Dir eine eigene Meinung bilden und Deinen Standpunkt gegen Andersdenkende verteidigen.

Rauchen: scheinbar schick – aber ganz schön dumm

Rauchen ist etwas, das Erwachsene tun – und Kinder nicht dürfen. So erklärt sich die geradezu magische Anziehung auf Jugendliche. Der Zug an der Zigarette hat Symbolcharakter. Er soll aller Welt beweisen: Ich bin jetzt erwachsen und kann tun und lassen, was ich will. In Wirklichkeit aber – und im Gegensatz zu den schicken Bildern der Werbung – ist die Zigarette in der Hand ein Zeichen von Abhängigkeit und Schwäche. Der ganze Glamour des Rauchens ist nichts als Illusion. Immer mehr Erwachsene sehen das heute ein. Aber wahrscheinlich ist es mit dem Mythos vom schicken Rauchen wie mit vielen Problemen der Gegenwart: Erst Deiner Generation kann es gelingen, endgültig damit aufzuräumen! Das sind Argumente, die Dir dabei helfen können:

• Tabakrauch riecht schlecht, macht die Haut faltig und verfärbt die Zähne. Und vor allem im Körperinneren richtet Nikotin Schlimmes an – die Lungen werden schwarz und die Blutgefäße verlieren ihre lebenswichtige Elastizität.

• Tabakrauch ist ein Luftverschmutzer: Er enthält mehr als tausend verschiedene Chemikalien, darunter etwa 200 Giftstoffe.

• Und nicht zuletzt: Zigaretten sind teuer!

Der richtige Umgang mit Alkohol

Alkohol ist die Droge, an der in unserer Gesellschaft kaum jemand vorbeikommt. Ein gemütliches Zusammensein mit Freunden wird ebenso „begossen" wie ein Geburtstag, eine bestandene Prüfung oder der Start ins neue Jahr. Auch Filme und Werbespots spielen es uns immer wieder vor: Zum ersten romantischen Treffen gehört ein Glas Wein, zur Entspannung nach einem harten Tag erst mal ein Cocktail. Deshalb: Besser, als strikt dagegen zu sein („Ich werde niemals trinken!") ist zu lernen, mit der Droge Alkohol richtig umzugehen. Denn so bist Du für die vielen Situationen gewappnet, in denen Dir ein Glas angeboten wird. Mach Dir klar, daß Alkohol zwei Seiten hat: Der harmlosen, angenehm-entspannenden Wirkung folgen sehr schnell Rausch, Kater und Abhängigkeit. Trinke niemals auf nüchternen Magen. Vermeide hochprozentige Cocktails, auch wenn sie

Anti-Raucher-Tips

♦ Wenn Du schon abhängig bist – nimm die nächste Krankheit zum Anlaß aufzuhören, dann geht es leichter.

♦ Schaff Dir eine Sparbüchse an, in die Du das Zigarettengeld wirfst – statt in den Automaten.

♦ Erteile Deinen Freunden Rauchverbot in Deinem Zimmer (dann riecht es darin auch besser!).

♦ Wenn Du unbedingt mal „mithalten" mußt: paffen statt ziehen!

♦ Weniger Lust am Rauchen hat man: beim Sport, an der frischen Luft und beim Zusammensein mit Freunden, die nicht rauchen.

noch so schöne exotische Namen haben. Sei besonders zurückhaltend in den Tagen vor und während Deiner Periode. (Alkohol kann die Blutung verstärken, und die Gewichtszunahme vor den Tagen.) Denke daran, daß Alkohol vor allem für die Männer in unserer Gesellschaft eine große symbolische Bedeutung hat: Harte Männer vertragen harte Sachen – so lautet das Motto. Das stimmt natürlich nicht. Die Jungen, mit denen Du jetzt zusammen bist, werden garantiert ab und zu mit Alkohol ihre Männlichkeit beweisen wollen. Wenn Du das beobachtest, versuch nicht, es ihnen auszureden. Distanziere Dich. Und vor allem: Steig nicht zu ihnen ins Auto!

Drogen: Was sie sind und wie sie wirken

Der Gebrauch von Drogen läßt sich bis zum Beginn der Zivilisation zurückverfolgen. Früher haben die Menschen so ziemlich alle Blätter, Wurzeln und  Früchte, die in der Natur vorkommen, irgendwann einmal geschluckt oder geraucht, um die Wirkung auf Körper und Psyche zu testen. Wichtig: Die Tatsache, daß Drogen auf der ganzen Welt genommen wurden, wird oft als Argument für Drogengenuß gebracht („Was die Menschen schon immer taten, kann nicht ganz falsch sein!"). In Wirklichkeit aber war der Gebrauch von Drogen in den meisten alten Kulturen sehr streng geregelt und ausschließlich medizinischen oder religiösen Zwecken vorbehalten.

Opium, Morphium, Heroin

Opium wird aus den Samen des Schlafmohns gewonnen und seit dem Altertum zu medizinischen Zwecken benutzt – als Beruhigungs- und Schmerz-

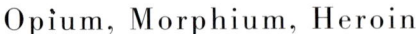

mittel, als Wundpaste, Hustentee und Medizin gegen Durchfall. In hoher Dosis eingenommen bereitet es rauschhafte Glücksgefühle und erzeugt körperliche Abhängigkeit. Noch suchterzeugender ist *Morphium*, der seit 1805 isolierte Hauptwirkstoff des Mohnsafts. Er wirkt stark schmerzstillend, auch die moderne Medizin kann nicht darauf verzichten. Wie gefährlich Morphium aber bei längerem Gebrauch ist, zeigten schon die Erfahrungen im amerikanischen Bürgerkrieg. Verwundete und durchfallkranke Soldaten erhielten damals automatisch Morphium – und kamen süchtig aus dem Krieg nach Hause (weshalb die Morphium-Sucht zuerst „Soldatenkrankheit" genannt wurde). *Heroin* wurde Anfang dieses Jahrhunderts zum erstenmal in einer deutschen Pharmaziefirma – ebenfalls aus dem Opium – entwickelt und als eine der größten Entdeckungen der Medizin gepriesen, als Allheilmittel gegen Husten, Bronchitis, Asthma, Tuberkulose und – Morphiumsucht. Sehr schnell mußte man auch diesmal feststellen, wie stark suchterzeugend Heroin ist. Seit den Zwanziger Jahren wird der Gebrauch von Arzneien, die Opium-Derivate enthalten, deshalb sehr streng kontrolliert. Sie gehören zu den gefährlichsten Drogen überhaupt, da sie innerhalb kürzester Zeit nicht nur seelisch, sondern auch körperlich süchtig machen. Das heißt: Wer aufhört, die Droge zu nehmen, leidet unter entsetzlichen Entzugsqualen. Eine weitere Gefahr: Um den erwünschten Rauscheffekt zu erzielen, müssen Süchtige immer mehr von der Droge nehmen, was zwangsläufig zu körperlichem Verfall führt. Und da diese Drogen verboten sind, begeben sie sich automatisch ins kriminelle Abseits.

Kokain war ursprünglich die Droge der südamerikanischen Inkas: Vor allem bei Hochzeiten und vor langen Märschen durch die Berge kauten die Inkas die Blätter der Cocapflanze, die sie als heilige Pflanze verehrten. Durch die spanischen Eroberer kam die Kunde von der Zauberpflanze nach Europa. Im 19. Jahrhundert gelang es deutschen Chemikern, den Wirkstoff der Coca-Pflanze zu isolieren – sie nannten ihn Kokain. Auch dieses Mittel wurde von Pharmazeuten und Ärzten zunächst als neues Allheilmittel begrüßt – gegen Drogensucht (!) und Erschöpfung. Sogar Coca-Cola enthielt ursprünglich Kokain und galt als stärkende, anregende Limonade. Als immer deutlicher wurde, daß der Kokaingebrauch gefährliche Nebenwirkungen hat (für Herz- und Kreislauf vor allem), wurde das Mittel aus der Medizin verbannt und wenig später auch verboten. Heute gilt es als Luxusdroge für Erfolgsmenschen, weil es keine Halluzinationen verursacht, sondern ungewöhnliche Energie verleiht. Hauptgefahr: Die Droge macht seelisch abhängig (man glaubt, ohne sie nichts mehr leisten zu können). Und vor allem: Der Körper reagiert unberechenbar auf sie. Eine gewohnte, scheinbar normale Dosis kann plötzlich zu tödlichem Herzversagen führen.

Haschisch und *Marihuana* gehören zu den ältesten Genuß- und Arzneimitteln der Welt. Sie werden aus der Hanfpflanze gewonnen, einer Pflanze, die bei uns seit dem Mittelalter als Faserlieferant (für Hanfseile) angebaut wurde. Marihuana ist das getrocknete Kraut, Haschisch die Blüte, zu einer Paste zerrieben und in Platten getrocknet. In der Medizin der Antike diente es als Beruhigungs- und Schmerzmittel,

in Asien war und ist es auch heute noch ein ge-
bräuchliches Entspannungsmittel, wird mit der Was-
serpfeife in sozialer Runde geraucht, so wie man bei
uns am Feierabend Alkohol trinkt. Haschisch gilt als
„weiche" Droge, weil die Gefahr der Abhängigkeit
geringer ist als bei den sogenannten harten Drogen.
Deshalb werden immer wieder Stimmen laut, der Genuß von Haschisch solle freigegeben werden, so wie
ja auch die ähnlich gefährlichen Drogen Nikotin und
Alkohol bei uns nicht verboten sind. Aber: Die Tatsache, daß überlegt wird, Haschisch und Marihuana
zu legalisieren, heißt nicht, daß diese Drogen ungefährlich sind! Auch Alkohol und Zigaretten sind ja

sehr schädlich für die Gesundheit. Und vor allem: So-lange Haschischgenuß bei uns verboten ist, kommen noch andere Gefahren dazu. Zum Beispiel hat man keine Kontrolle darüber, wie sauber die Ware ist, die angeboten wird. Und: Man befindet sich automatisch in einem (halb-)kriminellen Milieu, wenn man Ha-schisch kauft und konsumiert.

LSD (Lysergsäurediäthylamid) wurde von einem Schweizer Chemiker entwickelt als chemisches Deri-vat aus Ergot – einem Pilz, der Gerste und andere Getreide befällt. Schon seit dem Mittelalter ist be-kannt, daß der Genuß von „pilzkrankem" Getreide zu schweren Bewußtseinsveränderungen, in schlim-men Fällen zum Tod führen kann. Andererseits wird Ergot in der Medizin als einer der wichtigsten Schmerzstiller gegen Migräne eingesetzt. In den 70er Jahren entwickelte sich in den USA ein regelrechter LSD-Kult, der diese Droge als ein Mittel zur Be-wußtseinserweiterung besonders populär machte. LSD erzeugt keine Abhängigkeit, ist aber psychisch außerordentlich gefährlich: Es kann zu schweren Angstzuständen führen („horror trips") bis hin zu be-handlungsbedürftigen Psychosen. Nachgewiesen ist außerdem, daß häufiger LSD-Gebrauch zu Verände-rungen im genetischen Material führt (gefährlich für die Nachkommen!).

Ecstasy ist eine Modedroge, die – in schwacher Dosierung – tiefe Entspannung, in höherer Dosis schwere Halluzinationen hervorruft. Sie ist eine syn-thetische Nachbildung der Muskatnuß, wurde von amerikanischen Pharmazeuten entwickelt und zu-nächst von Psychotherapeuten benutzt. Nach kurzer Zeit jedoch verkam sie zur „street drug" (Straßen-

droge) und wurde zuerst in den USA, später auch in
Deutschland verboten. Die Droge erzeugt keine seelische oder körperliche Abhängigkeit, kann aber gefährlich sein für Herz und Kreislauf. Weiteres Risiko:
Endverbraucher haben keine Kontrolle darüber, ob
die Droge, die sie einnehmen, chemisch sauber ist.

Fazit: Drogen – inklusive Alkohol und Zigaretten
– sind gefährlich. Denn die Erfahrung zeigt, daß nur
die wenigsten Menschen wirklich intelligent und ver-
nünftig damit umgehen können. Im allgemeinen
werden Drogen genommen, um Problemen (Langeweile, Armut, Arbeitslosigkeit) zu entkommen, wo-
mit meist ein Teufelskreis entsteht, weil Drogen-
konsum diese Probleme eher verstärkt.

Wichtig: Auch ein „ganz kleiner Zug Haschisch“,
ein „Tröpfchen Whisky“, ein „schwacher Trip“ kann
für *Dich* schon zuviel sein. Denn auch das ist eine Besonderheit der Drogen: Sie werden unterschiedlich
vertragen – was den einen Menschen kaum berührt,
haut den anderen um. Aber auch dieselbe Person
kann unerwartet reagieren, einmal geht es gut, ein
anderes Mal schlecht. Das gilt besonders für halluzi-
nogene Drogen wie LSD oder Haschisch. Ob sie angenehme oder psychisch erschreckende Wirkungen
haben, hängt ab von der aktuellen seelischen Verfas-
sung, von der Umgebung, von den Menschen, mit denen man zusammen ist. Und auch von der Kultur, in
der man lebt. Unsere Kultur hat den Gebrauch von
Drogen sehr stark eingeschränkt und mit Strafen be-
legt – das bedeutet zwangsläufig, daß, wer Drogen
nimmt, sich auf „verbotenem Terrain“ befindet, was
die Gefahr von „horror trips“ verstärkt.

III. LIEBE, SEX,
BEZIEHUNGEN

Wie die Sexualität jetzt anfängt

◆ *Erregende Gefühle und Träume.* ◆ *Selbstbefriedigung – ein schöner Weg zur eigenen Lust.* ◆ *Schmusen mit der Freundin: Ist das lesbisch?*

Es scheint alles so einfach für Euch Mädchen heute: Sexualität ist kein Tabu-Thema mehr, Ihr könnt offen und frei darüber sprechen, braucht nicht heimlich in Aufklärungsbüchern zu kramen, sondern könnt Euch alle Informationen beschaffen. Und es ist auch nicht mehr „verboten", mit einem Mann zu schlafen, mit dem Du nicht verheiratet oder wenigstens verlobt bist. Aber Du hast es sicher schon bemerkt: Es ist eine ganz andere Sache, über Sexualität ganz allgemein zu reden oder auch mal zu witzeln, als über die *eigenen* Gefühle, Ängste und Erlebnisse zu sprechen. Und es besteht noch einmal ein himmelweiter Unterschied zwischen dem *Sprechen* über Sex und dem *Erleben* von Lustgefühlen am eigenen Leib. Falls Du also jetzt oft verwirrt, unsicher oder auch peinlich berührt bist, ist das ganz natürlich und kein Zeichen von Verklemmtheit. Es ist für keinen Menschen – auch für die Jungen nicht – einfach, den eigenen Weg in Sachen Liebe und Sex zu finden.

Erste Empfindungen, erste Sehnsüchte

Eigentlich beginnt Sexualität – die Fähigkeit, Lust zu fühlen – schon am Anfang des Lebens. Babys empfinden Lust, wenn sie mit den Fingern ihren Körper erforschen, am Daumen nuckeln oder sich fest an einen Menschen drücken, den sie lieben. Vielleicht erinnerst Du Dich an eindeutig erotische Gefühle in Deiner Kindheit: beim Schaukeln, beim Wippen, beim Hin- und Herrutschen auf Stühlen oder beim Doktor-Spielen mit Freunden und Freundinnen. Aber es existiert doch ein großer Unterschied zwischen diesen frühen Lustgefühlen und den Sehnsüchten und Empfindungen, die Du jetzt hast: In der Pubertät äußert sich die Lust auf Sex sehr viel direkter, und sie verbindet sich immer deutlicher mit dem Wunsch, als heranwachsende Frau gesehen und begehrt zu werden. Und vor allem: Es zieht Dich wahrscheinlich immer eindeutiger hin zum anderen Geschlecht. Das ist nicht „böse", „verboten" oder „gefährlich", sondern ganz natürlich. Die Lust auf Sex ist in Deinem genetischen Material gespeichert. Sie ist ein biologischer Trieb, der es uns möglich macht, uns über Hemmungen und Ängste hinwegzusetzen und aufs andere Geschlecht zuzugehen.

Auch wenn Du noch keinen engen Kontakt mit Jungen hast, gibt es immer wieder Situationen, in denen Du diese Anziehung deutlich fühlst. Vielleicht, wenn Du Liebesszenen in einem Film siehst. Oder wenn Dir ein junger Mann ganz besonders gut gefällt, viel besser als alle anderen Jungen, die Du kennst. Oder Du träumst in der Nacht, daß Du mit einem Mann – vielleicht jemand, den Du wirklich kennst, vielleicht auch ein Dir völlig unbekannter Mensch – Zärtlichkeiten austauschst, und Du bist dabei sexuell erregt, hast vielleicht sogar einen Orgasmus. Es kann sein, daß diese Gefühle Dir dann nicht nur angenehm sind, sondern auch irgendwie peinlich. Vielleicht machen sie Dir sogar angst. Auch das ist ganz normal, denn Du begegnest einer ganz neuen, er-

Das richtige Wort

Für Selbstbefriedigung sind zwei Fremdwörter gebräuchlich:

MASTURBATION (aus dem Lat.: sich selber erregen) ist der korrekte, meist wissenschaftlich gebrauchte Ausdruck.

ONANIE (aus dem Alten Testament: Onan) wird ebenfalls benutzt. Aber das Wort beruht eigentlich auf einem Mißverständnis: Von Onan heißt es in der Bibel, daß er – wenn er mit seiner Frau schlief – seinen Samen in die Erde laufen ließ. Er praktizierte also nicht Selbstbefriedigung, sondern unterbrochenen Geschlechtsverkehr.

Fragen und Antworten zur Selbstbefriedigung

◆ ICH HABE GEHÖRT, DAß ES SCHÄDLICH IST, JEDEN TAG ZU MASTURBIEREN. STIMMT DAS? Das ist ein Relikt aus der Zeit, als man glaubte, Selbstbefriedigung mache dumm, schwach und krank. Das einzige, was bei der Selbstbefriedigung krank machen kann, sind die Schuldgefühle. Auch mehrmals täglich zu masturbieren schadet weder psychisch noch körperlich.

◆ ICH HABE GEHÖRT, DAß ES GEFÄHRLICH IST, ETWAS IN DIE VAGINA EINZUFÜHREN, WEIL ES DARIN VERLOREN GEHEN KANN. IST DAS WIRKLICH MÖGLICH? Auch diese Annahme ist eine Legende, die angst vor Selbstbefriedigung machen soll. Die Scheide ist nach hinten geschlossen (die einzige Öffnung, der Muttermund, ist ein nur millimeterweiter Spalt) – es kann also nichts im Bauchraum verschwinden. Mädchen, die kein Jungfernhäutchen mehr haben, können mit den Fingern die Vagina austasten und herausholen, was vielleicht nach hinten gerutscht ist.

wachsenen Seite von Dir. Und Du machst die verwirrende Erfahrung, daß sexuelle Gefühle sich nicht einfach wegschieben und überhören lassen, sondern so sehr Besitz von Dir und Deinen Gedanken ergreifen können, daß Du wenig Kontrolle darüber hast.

Sich selber Lust schenken, den Orgasmus lernen

Selbstbefriedigung ist eigentlich die natürlichste Sache der Welt. So natürlich, daß schon kleine Kinder es ganz selbstverständlich tun. In der ersten Schuljahren nimmt das Interesse an erotischen Spielen mit dem eigenen Körper dann allerdings bei fast allen Kindern ab – Psychologen sprechen von einer sexuellen Latenz- oder Ruhezeit. Mit der wachsenden sexuellen Spannung und Lust in der Pubertät wird die Selbstbefriedigung dann wieder entdeckt. Der Unterschied zu früher: Jetzt verbindet sich die Selbstbefriedigung mit erotischen Phantasien über bestimmte Personen oder erregende Situationen.

Selbstbefriedigung war lange Zeit ein heikles Thema, und ist es für Dich, falls Du sehr religiös erzogen wirst, vielleicht immer noch. Aber auch viele sehr frei erzogene Mädchen können das Thema Masturbation nicht ohne ein Quentchen Scham betrachten. Jedenfalls sprechen Mädchen viel weniger locker und ungezwungen über ihre sexuellen Praktiken als Jungen. Falls Du manchmal ein schlechtes Gewissen oder ungute Gefühle bekommst, weil Du „es schon wieder getan hast", hilft es Dir vielleicht zu wissen, daß alle Mädchen und Frauen in der ganzen Welt Selbstbefriedigung kennen und praktizieren. Und daß auch erwachsene Frauen – egal ob sie Partner haben oder nicht – masturbieren. Der Unterschied ist nur: In manchen Völkern haben sie dabei Schuldgefühle, weil Sexualität dort streng reglementiert ist; in anderen, weniger sexfeindlichen Gesellschaften tun sie es ohne schlechte Gefühle.

Viele Psychologen betrachten die Selbstbefriedigung heute als eine gute Methode, für junge Mädchen und Frauen, um ihre eigene Sexualität zu entdecken: Sie können dabei lernen, was sexuelle Erregung ist, wie sie entsteht und bis zum Orgasmus gesteigert werden kann. So gesehen ist Selbstbefriedigung nicht Ersatz für Sexualität zu zweit, sondern eine eigenständige Form, Lust zu erleben. *Wichtig:* Du allein bist dabei verantwortlich, daß diese Erfahrungen schön und wirklich lustvoll sind. Selbstbefriedigung ist nichts, was heimlich, immer schnell zwischendurch und irgendwie geschehen sollte. Du solltest dabei anspruchsvoll mit Dir selber umgehen – so zugewandt und liebevoll, wie Du es von einem Partner erwartest.

Wenn die sexuelle Spannung sehr hoch ist, kann „es" mal rasch geschehen – aber im Prinzip solltest Du Dir für die Lust mit Dir selbst Zeit nehmen.

Sorge dafür, daß Du völlig ungestört sein wirst. Nicht, weil Selbstbefriedigung verboten ist und deshalb nur hinter verschlossenen Türen geschehen darf! Aber sie ist etwas Intimes, etwas, das nur Dich angeht. Es gibt Schamgrenzen in der Familie, die niemand verletzen sollte – egal, wie aufgeklärt und modern die Familienmitglieder miteinander umgehen.

Bei der Selbstbefriedigung spielen immer Vorstellungen und Phantasien eine wichtige Rolle, um die Erregung zu steigern. Vielleicht stellst Du Dir die Liebe mit einem Menschen vor, der Dich sexuell anzieht,

◆ KANN DAS JUNGFERN-HÄUTCHEN BEI DER SELBST-BEFRIEDIGUNG VERLETZT WERDEN? Die Wahrscheinlichkeit, daß Du Dich mit einem Finger oder einem Gegenstand versehentlich entjungferst, ist sehr klein – denn Du spürst den Widerstand des Hymens, und das Häutchen braucht normalerweise einen kräftigen Schubs, um einzureißen. Aber Verletzungen mit spitzen Fingernägeln oder Gegenständen sind natürlich möglich, wenn Du nicht vorsichtig mit Dir selber umgehst.

◆ STIMMT ES, DASS FRAUEN BEI DER SELBSTBE-FRIEDIGUNG LEICHTER ZUM ORGASMUS KOMMEN ALS BEIM SEX MIT ANDEREN? Ja, das stimmt. Weil dabei die Klitoris direkter stimuliert wird als beim Sex zu zweit. Der Penis des Mannes drückt nur sehr indirekt auf die Klitoris.

aber mit dem Du keinen realen Kontakt hast. Oder Du denkst an konkrete erotische Erfahrungen, spielst sie in der Phantasie noch einmal durch. Oder Du erinnerst Dich an aufregende Szenen in einem Film. Egal, was in Deinem Kopf bei der Selbstbefriedigung passiert, laß Dich von Deinen Phantasien nicht erschrecken. Sexuelle Phantasien führen bei allen Menschen in ungewöhnliche Gefilde, in denen unsere Moral- und Schamvorstellungen nicht unbedingt gelten.

Schmusen mit der Freundin – ist das lesbisch?

Heute wissen wir, daß alle Menschen im Grunde bisexuell sind, sich also auch vom eigenen Geschlecht sexuell angezogen fühlen können. Aber durch unsere Erziehung, die gesellschaftlichen Normen und Erwartungen und vor allem durch die starke heterosexuelle Anziehung orientieren sich die meisten von uns dann eindeutig hin zum anderen Geschlecht. Warum ein kleiner Prozentsatz von Menschen sich irgendwann im Leben anders entscheidet, oft sogar nach Jahren „normalen" Sexlebens, ist nicht eindeutig geklärt. Wahrscheinlich gibt es auch gar keine eindeutige Erklärung. Seelischer Hintergrund, prägende Erlebnisse, bestimmte Formen der Mutter-Kind-Beziehung oder auch genetische Anlagen können hier eine Rolle spielen. Unumstritten ist jedoch, daß in der Pubertät – einer Zeit, in der sexuelle Gewohnheiten und Rollenmuster noch nicht so fest zementiert sind – auch die Neigungen zum eigenen Geschlecht leichter spürbar werden können. So fühlst Du Dich vielleicht erotisch von einer Lehrerin angezogen, oder von einem besonders attraktiven Mäd-

Vier Irrtümer übers Lesbisch-Sein

1. MAN KANN ES MÄDCHEN ANSEHEN, OB SIE LESBISCH SIND ODER WERDEN.
Lesbische Frauen sehen nicht unbedingt männlich aus. Und knabenhaft wirkende Mädchen können sich ausgesprochen weiblich fühlen und verhalten. Es ist meist nur der Wunsch, sich öffentlich zur Homosexualität zu bekennen, der dazu führt, daß lesbische Mädchen forscher auftreten oder sich männlicher kleiden.

2. WENN EINE FRAU LESBISCH GEWORDEN IST, STECKT EIN ERNSTHAFTES SEELISCHES PROBLEM DAHINTER.
Für diese Behauptung gibt es keinerlei Beweise. Wir wissen nicht wirklich, warum Mädchen lesbisch werden. Seelische Probleme entstehen höchstens, weil es schwer ist, in unserer Gesellschaft lesbisch zu sein.

3. WENN EINE FRAU LESBISCH IST, KANN SIE KEINE HETEROSEXUELLEN BEZIEHUNGEN HABEN.
Die Erfahrung zeigt das Gegenteil: Sehr viele homosexuelle Menschen – Frauen und Männer – haben auch heterosexuelle Beziehungen. Der Kinsey-Report aus den 50er Jahren hat gezeigt, daß 13 Prozent aller „normalen" Frauen mindestens eine lesbische Erfahrung gehabt hatten. Heute dürfte diese Zahl wesentlich höher sein.

92

chen in der Klasse. Hinzu kommt, daß gerade bei Mädchen, die noch keine Erfahrungen mit Jungen haben, aus dem nahen Körperkontakt mit einer vertrauten Freundin leicht erotisches Schmusen werden kann, weil sie sich hier eher trauen, auszuprobieren, wie weit sie gehen können. Alle diese Erfahrungen sind ein normaler Teil des Erwachsen-Werdens und Experimentierens mit der eigenen Rolle in dieser Welt. Sogar wenn Du schon „richtige" sexuelle Erfahrungen mit einer erotisch erfahrenen Frau gemacht hast, befindest Du Dich keineswegs auf einem gefährlichen Gleis, wo es dann kein Zurück mehr gibt – solche Erfahrungen sind viel weiter verbreitet, als Du denkst. Die endgültige Wahl zwischen homo- oder heterosexuell treffen Frauen meist erst in den Jahren zwischen Zwanzig und Dreißig.

4. WENN EIN MÄDCHEN LESBI-SCHE NEIGUNGEN HAT, SOLL-TE SIE DAS NICHT GEHEIM-HALTEN, SONDERN SOBALD WIE MÖGLICH ÖFFENTLICH DAZU STEHEN.
Das ist falsch! Sich öffentlich zur Homosexualität zu bekennen, ist zwar mutig, hat aber weitreichende Konsequenzen: in der Familie, in der Schule, in der Lehre. Und es kann zu Reaktionen führen, denen ein junges Mädchen noch nicht gewachsen ist. Sie sollte damit also warten, bis sie sich ganz sicher ist (was noch einige sexuelle Erfahrung voraussetzt) und bereits so unabhängig, daß sie durch Druck von anderen nicht so leicht erschüttert werden kann.

Jungen: Ihr Körper, ihre Seele, ihre Pubertät

◆ *Wie und wann der Körper männlich(er) wird.* ◆ *Wovor Jungen jetzt Angst haben.* ◆ *Und was sie an den Mädchen interessiert.*

Das Hormon, das einen Mann zum Mann macht

Was das Östrogen für Körper und Seele der Frau, ist das Testosteron für den Mann: Es bewirkt, daß Männer „männlich" aussehen, steuert ihre Lust auf Sex und ihr sexuelles Verhalten. In der Kindheit haben Mädchen ungefähr die gleiche Menge an Testosteron in ihrem Organismus wie Jungen und die Jungen ebenso viel Östrogen wie die Mädchen. In der Pubertät aber trennen sich die Wege: Während sich beim Mädchen nun Östrogen in großen Mengen bildet und im Organismus durchsetzt, gewinnt beim Jungen Testosteron die Oberhand. Die Produktion davon verzehn- bis verzwanzigfacht sich. Sie ist übrigens zyklischen Veränderungen unterworfen – wie die Östrogenproduktion beim Mädchen. Am höchsten ist sie morgens, am niedrigsten abends. Allerdings können

Um es gleich vorweg zu sagen: Für Jungen ist das Erwachsenwerden kein bißchen einfacher als für Mädchen. Sie erleben dabei ganz ähnliche Krisen und seelische Nöte wie Du und Deine Freundinnen: Sie genießen es, selbständiger zu werden – und fürchten sich gleichzeitig davor, die behütete Welt der Kindheit zu verlassen. Sie fühlen sich gefordert, möchten sich beweisen, wissen aber nicht so recht, was sie tun müssen, um ihren Platz in der Welt zu finden. Und vor allem: Einerseits haben sie große Lust, Mädchen kennenzulernen und ihnen näherzukommen – andererseits macht ihnen das Zusammensein mit dem anderen Geschlecht Angst.

Übrigens fängt die Pubertät bei ihnen im statistischen Durchschnitt etwas später an als bei Mädchen. Die ersten Anzeichen kommen um den 13. Geburtstag herum, zu einem Zeitpunkt also, an dem viele Mädchen bereits ihre erste Menstruation hatten. In einer gemischten Klasse wirken die Jungen oft noch kindlich, während die gleichaltrigen Mädchen sich bereits zu sexuell attraktiven Frauen mausern. Die Folge davon: Ihre ersten Flirts und sexuellen Beziehungen haben Mädchen so gut wie nie mit gleichaltrigen, sondern mit etwas älteren Jungen.

Körperwandlungen vom Knaben zum Mann

Auch beim Jungen sind es Hormone, die zu Beginn der Pubertät vermehrt produziert werden und eine Reihe von sichtbaren Veränderungen in Gang setzen. Die männlichen Hormone heißen Androgene, und das wichtigste davon fürs Männlichwerden ist das Testosteron.

Die Behaarung nimmt sichtbar zu. Zuerst wachsen die Haare – wie beim Mädchen – in der Schamgegend und unter den Achseln (ab dem 12. Geburtstag). Später kommen dann die typisch männlichen Haare auf Beinen, Unterarmen und – zuletzt – auf dem Oberkörper dazu. Am längsten läßt das stolzeste Attribut der Männlichkeit – der Bart – auf sich warten: Meist sprießen die Barthaare erst so richtig, wenn man schon 19 oder 20 geworden ist. Bei Dunkelhaarigen ist die Körperbehaarung – und später auch der Bart – oft kräftiger als bei blonden Jungen.

Das Wachstum: Wie beim Mädchen passiert es in kräftigen Schüben – der erste kann schon vor der eigentlichen Pubertät stattfinden, der letzte geschieht dann um den 17. bis 18. Geburtstag herum. Dabei verändern sich die Proportionen und geraten, vorübergehend, völlig durcheinander. Arme und Beine wirken dann unverhältnismäßig lang im Vergleich zum Kopf und zum Rumpf. Typisch männlich: Das Becken bleibt schmal, der Oberkörper wird breit.

Die Haut: Ebenso wie beim Mädchen – und zum Leidwesen der Jungen oft sogar noch stärker – wird die Gesichtshaut unter dem noch ungewohnten Hormoneinfluß ölig und unruhig. Pickel und Pusteln sind normale, wenn auch ungeliebte Begleiterscheinungen der männlichen Pubertät.

äußere Einflüsse – zum Beispiel ein sexueller Reiz – die Testosteronbildung ankurbeln, Alkohol und Streß dagegen lassen sie absinken.

Testosteron hat nicht nur direkten Einfluß auf den Sex-Trieb, sondern fördert nachweislich auch viele der sogenannten typisch männlichen Verhaltensweisen – wie Risikofreude, Abenteuerlust, Konkurrenzdenken. Allerdings darf man diese Eigenschaften den Frauen nicht absprechen mit dem Argument, sie hätten kein Testosteron. Denn erstens wird ja auch im weiblichen Organismus Testosteron gebildet; und zweitens spielen nicht nur die Hormone, sondern auch und vielleicht vor allem Erziehung und Umwelt eine große Rolle. Bestimmte Eigenschaften, wie zum Beispiel Abenteuerlust, wurden in der Vergangenheit bei Jungen gefördert, bei Mädchen dagegen eher unterbunden.

95

Die Angst der Jungen: Bin ich stark und groß genug für diese Welt?

Sie stehen nicht so sehr wie die Mädchen unter dem Druck, schön zu sein, aber sie haben Angst, der Vorstellung vom „tollen Mann" nicht zu genügen. Die typischen kritischen Punkte ihres Selbstwertgefühls, in denen man sie durch eine unbedachte Äußerung sehr verletzen kann:

- Ist mein Penis groß genug?
- Ist mein Oberkörper breit und männlich genug?
- Habe ich genügend Muskeln an den Oberarmen?
- Bin ich groß genug? Größer jedenfalls als die Mädchen, mit denen ich zu tun haben will?

Muskeln lassen sich zwar notfalls antrainieren, ein Penis aber nicht künstlich vergrößern. Genauso wie Mädchen sich also irgendwann mit ihrer erblichen Ausstattung anfreunden müssen – zum Beispiel mit einem „zu kleinen" Busen – müssen Jungen lernen, sich so zu akzeptieren, wie sie sind.

Die Stimme: Meist um den 14. Geburtstag verliert die Stimme des Jungen ihren kindlichen Klang, sie wird tief und männlich. Allerdings geschieht das nicht sanft und allmählich, sondern ziemlich abrupt – die Stimme „bricht", hört sich fast krächzend an und kann vorübergehend völlig entgleisen. Mal ist sie ganz tief und männlich, dann rutscht sie plötzlich – beim Sprechen – in die hohen Töne der Kindheit zurück. Oder umgekehrt.

Die Sexualorgane: Zwischen dem 12. und 13. Geburtstag verändern sich auch in diesem Bereich die Proportionen. Zuerst wird der Penis lang, verliert die kindliche „Zipfelform". Etwas später werden auch die Hoden deutlich größer und der Penis dicker. Deutliches Zeichen dafür, daß der Junge allmählich zeugungsfähig wird: Sein Organismus bildet Samenflüssigkeit, die spontan in der Nacht oder beim Orgasmus ausgestoßen wird.

Alle diese Veränderungen an seinem Körper und in seinem Verhalten erlebt ein Junge mit sehr gemischten Gefühlen (ähnlich wie die Mädchen sich einerseits über den Busen freuen, ihn andererseits am liebsten verstecken würden). Vieles erfüllt ihn mit Stolz, vieles ist ihm noch peinlich. Und da Jungen meist viel weniger zartfühlend miteinander umgehen als Mädchen, stehen sie oft unter Druck, haben Angst, von den anderen „angemacht", verspottet und ausgelacht zu werden. Etwa, wenn die Stimme mitten während eines Satzes bricht, wenn die Haut ausgerechnet dann blüht, wenn man gut aussehen möchte, oder wenn das Deo vergessen wurde und der Schweiß den anderen jetzt sehr kräftig und „männlich" in die Nase steigt.

Wie die Sexualität beim Jungen beginnt

Auch bei ihm erwacht die sexuelle Lust, das Interesse am anderen Geschlecht, und oft verspürt er den Sextrieb jetzt sogar viel drängender als die gleichaltrigen Mädchen. Er denkt viel an Sex, redet mit seinen Freunden darüber und beginnt, Mädchen nachzuschauen. Das ist überhaupt eine Besonderheit der männlichen Sexualität: Männer jeden Alters reagieren stärker auf optische Signale des anderen Geschlechts als Mädchen und Frauen. Wie magisch werden ihre Augen von einem tiefen Ausschnitt, einer engen Hose oder nackten Beinen angezogen. So stark, daß sie kaum den Blick davon wenden können. Typisch gerade für die Altersgruppe der heranwachsenden Männer: Sie kaufen sich Sex-Zeitschriften, um nackte Frauen anschauen zu können. Und oft entwickeln sie auch ausgeprägte Lust am „Spannen", am Beobachten von Mädchen beim Umziehen. Vor diesen neugierigen Augen sollte sich ein Mädchen natürlich schützen. Aber sie sollte auch wissen: Anders als bei erwachsenen „Spannern" und „Voyeuren" ist diese Schaulust bei Jungen noch keine sexuelle Fehlentwicklung – sie gehört zu ihrer erwachenden Sexualität und verliert sich, sobald sie sexuelle Kontakte mit Mädchen haben. (Erwachsene Voyeure sind unfähig, wirklichen Kontakt zu Frauen aufzunehmen, sie erleben sexuelle Lust deshalb nur durch Schauen – also aus „sicherer Entfernung".)

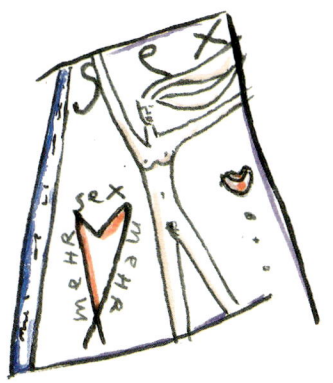

Genau wie Mädchen (und sogar noch häufiger) haben Jungen in der Pubertät homosexuelle Neigungen und Erfahrungen – ohne deshalb schwul zu sein oder zu werden. Und natürlich haben auch sie die Masturbation (wieder-)entdeckt. Ein wichtiges

Männliche Tatsachen

● EREKTION nennt man das Hart- und Steifwerden des Penis. Die körperliche Ursache dafür: vermehrte Blutzufuhr. Erektionen sind in den meisten Fällen die Folge eines erotischen Reizes, eines sexuellen Gedankens, aber sie können auch ohne sexuelle Gefühle kommen. Zum Beispiel nachts oder am frühen Morgen. In der Jugend haben Männer besonders leicht Erektionen, auch in scheinbar „unmöglichen" Situationen, und oft genug ist es ihnen dann peinlich. Eine Erektion kann sich auch ohne Orgasmus wieder zurückbilden, dabei entsteht oft ein leichtes Druckgefühl in den Hoden. Das ist aber keineswegs gefährlich oder so unangenehm, wie Männer manchmal behaupten, um ein Mädchen auf diese Weise zum Sex zu überreden.

● EJAKULATION ist der Erguß von Samenflüssigkeit beim Orgasmus oder auch spontan in der Nacht („feuchte Träume"). Die Samenzellen werden in den Hoden gebildet, die Samenflüssigkeit in der Prostata, einer kleinen Drüse, die ziemlich genau über dem Ansatz des Penis sitzt. Beim Orgasmus verschließt sich die Harnröhre zur Blase hin, so daß zusammen mit dem Samen kein Urin herausfließen kann. Die ersten Ejakulationen eines Jungen enthalten meist noch keine oder wenige Samenzellen. Die Produktion der Spermien kommt erst im Lauf der Pubertät richtig in Gang. Nach der Ejakulation bildet sich die Erektion sehr rasch zurück, und es bedarf einer gewissen Ruhezeit, bis eine neue Erektion möglich ist. Bei jungen Männern ist diese Zeit sehr viel kürzer als bei älteren.

Erlebnis im Leben eines jungen Mannes ist der erste Samenerguß – das Zeichen dafür, daß seine Zeugungsfähigkeit in Gang kommt. Die erste Ejakulation kann bei der Masturbation passieren oder spontan in der Nacht. Diese für die Pubertät typischen unwillkürlichen Samenergüsse in der Nacht werden oft (aber nicht immer) durch sexuelle Träume ausgelöst. Sie hören meist auf, wenn ein junger Mann regelmäßige sexuelle Kontakte hat.

Was Jungen über sich selbst und die Mädchen denken

Nicht immer kannst Du jetzt den Worten der Jungen trauen, denn zu dieser Altersphase gehört ganz einfach dazu, daß man seine Unsicherheit hinter markigen Sprüchen versteckt, seine Gefühle verbirgt und sich den Parolen der Clique anpaßt. Es dauert eine ganze Zeit, bis junge Männer (und junge Frauen) selbstsicher genug sind, um sich zu ihren eigenen Gefühlen und Gedanken zu bekennen. Aber vielleicht sind die folgenden Aussagen doch ziemlich nahe an der Wahrheit. Sie stammen aus einer neuen amerikanischen Untersuchung – bei der Jungen zwischen 14 und 20 befragt wurden. Danach sagten

• 62%: Es ist ein ganz natürlicher Instinkt, daß Jungen sich nicht nur ein, sondern für viele Mädchen interessieren.

• 15%: Ich habe Angst vor Mädchen, die klüger sind als ich.

• 50%: Ich bin eifersüchtig, wenn meine Freundin sich zuviel mit einem anderen abgibt.

• 12%: Ich werde nie eifersüchtig.

• 27%: Ich werde meiner Freundin manchmal aus

Langeweile oder Neugierde untreu.
• 97 %: Ich finde es o.k., wenn ein Mädchen den ersten Schritt macht.
• 26 %: Ich erzähle meinen Freunden alles, was ich
mit Mädchen erlebe.

• 56 %: Für mich ist Humor die wichtigste Charakt-
ereigenschaft bei Mädchen.
• 94 % Ich achte bei Mädchen zuerst aufs Aussehen.
• 18 % : Ich habe keine Angst, einem Mädchen zu
sagen, daß ich sie mag.

Beziehungs- geschichten und erste Kontakte

◆ *Flirten, anbändeln und sich näherkommen.* ◆ *Die hohe Kunst zusammenzubleiben.* ◆ *Unvermeidliche Erfahrung: sich trennen und auseinandergehen.*

Woher soll ein Mädchen eigentlich wissen, wie sie auf einen Jungen zugehen soll, wie sie auf seine Schritte richtig reagiert und wie sie ihm zeigen kann, daß er ihr gefällt, ohne dabei zu weit zu gehen? Diese Dinge lernst Du nicht in der Schule, und auch im Elternhaus gibt es normalerweise wenig Anschauungsmaterial. Die meisten Anregungen beziehst Du vermutlich aus Filmen und Romanen – aber die sind oft weit entfernt von der Realität. Daher gilt: Den Umgang mit Jungen mußt Du üben – wie alle anderen Dinge auch. Und auch dabei solltest Du Dir und anderen erlauben, Fehler zu machen.

Darf ein Mädchen den ersten Schritt machen?

Du kannst natürlich warten, daß Du von irgendeinem Jungen erwählt wirst und er von sich aus auf Dich zugeht. Aber das hat einen großen Nachteil: Auf diese Weise kommst Du vielleicht nie mit dem Jungen zusammen, der Dir wirklich gut gefällt, weil der noch gar nicht auf Dich aufmerksam geworden ist. Oder er traut sich nicht, Kontakt mit Dir aufzunehmen. Du kannst ganz sicher sein, daß die meisten Jungen Deines Alters genauso schüchtern sind wie Du – auch wenn sie sich nach außen anders geben.

Innere Hemmungen überwinden

Die meisten „Ausreden", mit denen sich Mädchen davor drücken, auf einen Jungen zuzugehen, lassen sich in drei Sätze fassen:

Ich bin zu schüchtern! Wenn das auch Deine Ausrede ist, mach Dir klar, daß es den Jungen nicht anders geht. Du brauchst also nicht brillant, selbstsicher und gewandt zu sein, um Kontakt aufzunehmen. Zeige Dich freundlich, ansprechbar, humorvoll – das genügt. Und vor allem: Versuche nicht, Deine Schüchternheit mit Cool-sein zu überspielen – damit wirkst Du arrogant und abweisend.

Mir gefallen die Jungen einfach nicht! Wenn das Deine Ausrede ist, sei realistisch! Du suchst noch nicht den Mann fürs Leben, sondern erst mal Freunde für gemeinsame Unternehmungen, Gespräche und Flirts. Die müssen nicht perfekt sein und alle Deine Träume erfüllen! Vielleicht steckt Angst hinter Deinem großen Anspruch – Angst vor Nähe zum anderen Geschlecht. Gegen diese, in Deinem Alter ganz natürliche Angst helfen Zwergenschritte: Suche Kontakt zu Jungen in Situationen, in denen es nicht so sehr auf persönliche Sympathie ankommt (zum Beispiel: zusammen Sport treiben oder für Prüfungen lernen). Auf diese Weise gewinnst Du mehr Sicherheit und traust Dir allmählich „romantischere" Begegnungen zu.

Ich habe Angst, abgelehnt zu werden! Wenn das Deine Ausrede ist – erinnere Dich daran: Auch die Jungen haben Angst vor Ablehnung. Ist keine Seite bereit, einmal ein Risiko einzugehen, kann einfach nichts laufen. Je öfter Du wagst, den ersten Schritt zu machen, desto souveräner wird Dein Auftreten.

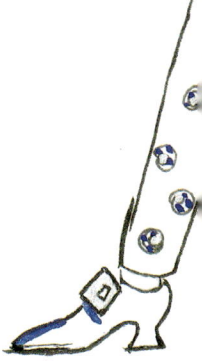

Tips für
Anfängerinnen

◆ Zeig ihm, daß Du Interesse an ihm hast – aber in Maßen. Drei nicht erwiderte Anrufe oder Angebote sind genug!

◆ Sei entgegenkommend, wenn er Vorschläge macht – aber kremple dafür nicht gleich Dein ganzes Leben um.

◆ Gib ihm eine Chance: Hat er sich eine Woche lang nicht gemeldet, kannst Du noch mal nachhaken. Rührt er sich auch dann wieder lange nicht, vergiß ihn.

◆ Versuche, Dich auf ihn einzustellen, finde heraus , was er mag und was nicht. Aber mach Dir klar: Wenn er nicht will, kannst Du seine Zuneigung auch nicht durch Änderungen in Deinem Verhalten oder Aussehen erzwingen.

Kontakt aufnehmen

Wenn Du die Initiative ergreifst, erlöst Du den Jungen von dem Druck, den ersten Schritt zu tun – er wird froh darüber sein. So kannst Du vorgehen:

Überfalle mit Deinem Kontaktangebot keinen Jungen, den Du noch gar nicht kennst. Damit schützt Du Dich auch selber vor Überraschungen. Er mag Dir – aus der Ferne – sehr gut gefallen, aber frühestens, wenn Du schon einmal ein paar Worte mit ihm gewechselt hast, weißt Du, ob er Dir wirklich liegt.

Gibt sich der Junge Deiner Wahl unnahbar, laß Dich nicht gleich verschrecken. Du weißt doch: Er verbirgt hinter dieser Fassade vermutlich sehr viel Unsicherheit. Schau und lächle ihn bei der nächsten Gelegenheit mal richtig an und beobachte, was passiert. Reagiert er nicht, ist Dir damit noch kein Zacken aus der Krone gefallen.

Wenn Du ein Treffen vorschlagen möchtest, zerbrich Dir nicht den Kopf mit tausend „Wenns" und „Abers". Schließlich willst Du diesen Jungen ja nicht um seine Hand bitten, sondern ihn einfach näher kennenlernen. Es gibt viele Gründe, warum er einem Treffen zustimmen, aber genauso viele, warum er ablehnen könnte. Nimm sein Ja oder Nein nicht als Gradmesser dafür, ob Du attraktiv oder liebenswert bist fürs andere Geschlecht.

Mach einen konkreten Vorschlag, wie und wo Ihr Euch treffen könntet. Gute Ideen, wenn man sich noch kaum kennt: ins Kino gehen – da braucht Ihr nicht gleich beim ersten Mal Konversation zu treiben und könnt hinterher über den Film reden; zusammen etwas trinken gehen – in Cafés ist die Stimmung meist so ungezwungen, daß sie Euch über die erste

Unsicherheit hinwegbringt; zusammen mit anderen Freunden ins Schwimmbad gehen; den Jungen auf eine Party mitnehmen. (Aber: Wenn Du Dich da nur mit anderen abgibst, um zu zeigen, wie begehrt Du bist, wirst Du den Jungen vermutlich sehr schnell los.) Wenn man sich schon ein bißchen besser kennt: zusammen kochen für Freunde, zu Hause Musik hören, spielen (Schach, Backgammon) oder zu zweit Sport treiben.

Die hohe Kunst zusammenzubleiben

Natürlich geht es in Deinem Alter noch nicht darum, so bald wie möglich eine feste Beziehung einzugehen. Aber es wird doch passieren, daß ein Junge Dir besonders gut gefällt – und daß auch er Dich mag. Dann bleibt Ihr eine Weile zusammen. Egal, ob nur ein paar Wochen oder mehrere Monate – in dieser Zeit sammelst Du wichtige Erfahrungen über das Zusammensein mit einem Partner. Du kannst erleben, wie Vertrautheit, Intimität und das Gefühl von Zusammengehörigkeit wachsen. Und Du wirst ganz sicher auch erfahren, daß Mißverständnisse und Enttäuschungen einfach dazugehören.

Mädchen und Jungen sprechen nicht immer die gleiche Sprache: Die neuere Forschung hat gezeigt, daß die Geschlechter sich nicht nur äußerlich unterscheiden, sondern daß auch ihr Gehirn nicht auf die gleiche Weise „funktioniert". Ein wichtiger Unterschied: Bei Frauen sind die rechte und die linke Gehirnhälfte stärker miteinander verbunden als bei Männern. Gefühle (rechte Hirnhälfte) und abstraktes Denken (linke Hirnhälfte) sind bei ihnen daher nicht so deutlich getrennt. Das hat Konsequenzen für

die jeweiligen Sicht- und Verhaltensweisen, und ganz
unmittelbar auch für die Sprache. Wenn Mädchen
und Jungen miteinander sprechen, benutzen sie zwar
Worte einer gemeinsamen Sprache – aber sie meinen
nicht immer dasselbe. Das erzeugt leicht Mißverständnisse und Kränkungen.

Hier ein paar Hinweise, die Dir dabei helfen können, einen Jungen besser zu verstehen: Jungen achten im Gespräch instinktiv darauf, nicht „unterge-
buttert" zu werden, weil das männliche Selbstbewußtsein eng mit ihrem Status, der Position in der
Welt verbunden ist. Mädchen mißverstehen das oft.

Wenn er sagt: „Ich kann das besser...", hören sie raus „Ich gefalle ihm nicht...". Außerdem: Jungen reißen im Gespräch häufig Witze, um ihr Gegenüber zu be- eindrucken – Mädchen finden das oft unpassend oder fühlen sich verspottet. Mädchen versuchen im Ge- spräch instinktiv, Harmonie, Übereinstimmung und Nähe herzustellen – Jungen interpretieren das oft als „unehrlich" oder „schleimig". Mädchen können bes- ser Gefühle ausdrücken als Jungen, auch ihre schein- bar sachlichen Informationen enthalten oft Gefühls- botschaften. Das erzeugt viele Mißverständnisse. Ty- pisches Beispiel dafür: Sie fragt „Sollen wir ins Café gehen?", meint damit aber auch: „Ich habe Lust, mit Dir zusammen zu sein." Er reagiert nur auf die In- formation – und sagt „Nein", weil er keine Lust hat aufs Café. Sie fühlt sich abgelehnt und ist gekränkt. Er wird sauer, weil er glaubt, daß sie damit nur ihren Willen durchsetzen will.

Einen Menschen kann man nicht völlig umkrem- peln! Am Anfang oder aus der Ferne schien er Dein Traumjunge. Jetzt hast Du ihn näher kennengelernt und seine „Fehler" entdeckt, im Aussehen, in der Kleidung, in seinem Verhalten zu Freunden oder zu Dir. Du beginnst ihn zu kritisieren – und so beginnt ein typischer Machtkampf: „Du sollst so werden, wie ich Dich haben will." Wenn das auch zwischen Dir und Deinem Freund passiert – überlege mal: Welche seiner Verhaltensweisen oder Gewohnheiten sind wirklich schlecht (zum Beispiel Alkohol, Drogen, Klauen), welche sind Dir nur fremd (zum Beispiel die Art, wie er sich kleidet, wie er auftritt usw.)? Üble Ver- haltensweisen wie Trinken, Haschisch rauchen oder Autorasereien wirst Du durch Deine Kritik nicht ab-

schaffen können. Alles, was Du tun kannst: Distanziere Dich in diesen Fragen klar von ihm, laß Dich nicht in riskante Situationen verwickeln und überlege, ob es nicht besser ist, Dich zu trennen. Bei allen anderen wunden Punkten: Wenn Dir etwas wirklich überhaupt nicht gefällt (zum Beispiel an seiner Kleidung, Frisur), sage es ihm auf nette Weise, aber ohne ihn mit anderen Jungen zu vergleichen. Denkt oder fühlt Dein Freund anders in Angelegenheiten, die Dir wichtig sind, sprich mit ihm darüber, diskutiere, ohne ihn von Deiner Meinung überzeugen zu wollen. Das ist ja gerade spannend und schön am nahen und häufigen Zusammensein mit einem anderen Menschen, daß man auch andere Sichtweisen, Standpunkte und Geschmacksrichtungen kennenlernt.

Trennungen – der unvermeidliche Schmerz

So merkwürdig es klingt: Zur Fähigkeit, Beziehungen zu haben und leben zu können, gehört auch, daß man sich richtig trennen kann, zwar nicht schon bei der kleinsten Schwierigkeit aus einer Beziehung flüchtet – aber andererseits eine unvermeidliche Trennung nicht unnötig herauszögert.

Wann muß man sich trennen? Es hört sich einfach an: Man trennt sich, wenn die Gefühle und das Interesse aneinander erloschen sind. Aber in der Realität ist es oft nicht so klar. Die Zuneigung kann lange erhalten bleiben, auch wenn die Vernunft längst sagt, daß die Beziehung einfach nicht mehr laufen kann. Oder man verliebt sich anderweitig – hängt aber noch am „alten" Partner. Und ganz besonders häufig will man sich nicht so recht trennen aus Angst, keinen neuen Freund mehr zu finden und wieder al-

Wichtige Trennungsgründe

◆ Er ist eifersüchtig und besitzergreifend, gönnt Dir Deine Hobbys und Freunde nicht.

◆ Er hört Dir nie richtig zu, nimmt Deine Interessen nicht ernst. Er erwartet immer von Dir, daß Du Dich nach ihm richtest.

◆ Er macht Dich runter, kritisiert oder blamiert Dich vor anderen.

◆ Er mißhandelt Dich – in Worten oder Handlungen.

◆ Er gefährdet Dein Leben und Deine Gesundheit – z.B. duch riskantes Autofahren, Drogen, ungeschützten Sex.

lein zu sein. Diese Angst vor dem Alleinsein ist natürlich besonders ausgeprägt, wenn ein Mädchen sehr lange solo war oder von allen Freundinnen um ihren Freund beneidet wird. Aber grundsätzlich gilt: Bist Du mit Deinem Freund meistens unglücklich oder gelangweilt, ist eine Trennung das Beste.

Wie trennst Du Dich richtig? Egal, wie lange oder kurz Du mit einem Jungen zusammen warst, es ist wichtig, einen klaren Schlußstrich zu ziehen. Sich am Telefon verleugnen oder durch eine Freundin ausrichten zu lassen, daß es aus ist, sind schlechte und unfaire Methoden. Am besten ist ein Gespräch, in dem Du versuchst, Deine Motive zu erklären. Fehlt Dir der Mut, laß Dich zu diesem Treffen von einer Freundin begleiten oder schreibe einen Brief. Gib Deinem Freund nicht die Schuld an der Trennung und erwarte nicht, daß er nur positiv, verständnisvoll oder gelassen reagiert. Nicht immer wird es möglich sein, sich im guten zu trennen – aber es ist in jedem Fall einen Versuch wert.

Besser selber gehen als verlassen werden? Viele Menschen messen der Frage „Wer macht den Trennungsschritt?" sehr große Bedeutung zu. Manche trennen sich, sobald die Beziehung kriselt – nur um nicht selber verlassen zu werden. Es tut scheinbar weniger weh, wenn Du selber gehst, und nach außen – den Freunden gegenüber – stehst Du besser da. Je tiefer aber eine Beziehung war, je echter die Gefühle, die ein Mädchen und ein Junge füreinander entwickelt haben, desto weniger stimmen solche Allerweltsweisheiten. Bei einer Trennung sind es im Grunde immer zwei Menschen, die gehen – und zwei, die verlassen werden.

Wenn der Freund gegangen ist...

◆ Bestehe auf einem Gespräch, bei dem er seine Motive klarmacht;

◆ vermeide eine Zeitlang Situationen und Plätze, wo ihr Euch begegnen würdet;

◆ versuche nicht, über gemeinsame Freunde das Neueste über Deinen Ex-Freund zu erfahren;

◆ hab Mut zu Deinen Gefühlen – Trauer, Zorn, Verzweiflung, Rachegedanken. Je weniger Du sie überspielst, desto rascher lösen sie sich auf;

◆ gib Dir etwas Zeit, ehe Du eine neue Freundschaft suchst.

Das erste Mal:
Wie es weitergeht

◆ *Soll ich oder soll ich nicht?* ◆ *Wann ist der richtige Zeitpunkt?* ◆ *Was passiert beim ersten Mal?* ◆ *Mädchen erzählen: „So war es bei mir".* ◆ *Wie der Sex mit der Zeit schöner wird.* ◆ *Fragen und Antworten zur Sexualität.*

Die Frage rückt immer näher: Du hast Kontakt mit Jungen, vielleicht schon einen festen Freund; Du sammelst erste erotische Erfahrungen – aber das „Eigentliche" ist noch nicht geschehen. Wann wird „es" sein? Und mit wem?

Soll ich oder soll ich nicht?

Nach einer neuen Untersuchung aus Deutschland haben ein Viertel der Mädchen (und ein Fünftel der Jungen) mit 15 Jahren bereits ihr „erstes Mal" hinter sich, und mit 18 sind es dann schon weit über die Hälfte, die häufig oder auch regelmäßig Sex haben. Wenn Du selber vor der Frage stehst „Soll ich oder soll ich nicht?", nützen solche Statistiken wenig. Wieder einmal geht es für Dich darum, Deinen eigenen Weg zu finden, Dich nicht so sehr davon beeindrucken zu lassen, was und wie es andere tun, sondern Dir selber treu zu sein. Sexuelle Freiheit heißt nicht, sich in jedem Augenblick und in jeder Frage *für* Sex zu entscheiden, sondern immer, das zu tun, worauf Du wirklich Lust hast. Früher mußten Mädchen auf die Hochzeitsnacht warten, ehe sie Sexualität erleben durften, heute müssen sie das – glücklicherweise – nicht mehr. Dennoch ist die Frage der „ersten Nacht" nicht unbedeutend geworden.

Sexualität löst starke Gefühle aus, positive und negative, deshalb solltest Du Dich von diesem Erlebnis möglichst nicht überrumpeln lassen, irgendwann „mitmachen", ohne selber darüber nachgedacht zu haben. Ein paar Hinweise:

Es gibt keine für alle Mädchen verbindliche Norm, wann es für sie richtig ist, mit sexuellen Beziehungen anzufangen, da Mädchen sich unterschiedlich schnell entwickeln.

Die körperliche Entwicklung allein ist noch kein Anzeichen dafür, daß Du reif bist für Sex – auch die Psyche muß bereit sein (siehe Kasten rechts).

Relativ frühe sexuelle Erfahrungen (unter 15 Jahren) werden von Mädchen häufig negativ erlebt.

Andererseits finden es viele Mädchen sehr belastend, wenn sie mit über 18 Jahren noch keinen Sex hatten. Jungfrau zu sein wird zu einem Makel, der unbefangenen erotischen Kontakten im Weg steht.

Sollen wir das „Erste Mal" planen?

Auch wenn es überhaupt nicht in unsere romantische Vorstellung von zwei Liebenden paßt, die sich, von Sehnsucht und Leidenschaft übermannt, gegenseitig in die Arme sinken und die Liebe miteinander entdecken – es hat große Vorteile, sich von der ersten sexuellen Erfahrung nicht irgendwann einfach überrumpeln zu lassen, sondern sie ein wenig zu planen. Planen heißt nicht: „Nächsten Samstag sind wir ungestört bei mir zu Hause – da müssen wir die Sache durchziehen!" Planen heißt eigentlich nur, sich darauf einzustellen: Das nächste Mal, wenn wir liebevoll zusammen sind und Lust haben, uns nahe zu sein, kann es (aber muß nicht) passieren.

Schon bereit für die sexuelle Liebe?

EIN MÄDCHEN IST BEREIT, WENN SIE

◆ einen Freund hat, mit dem sie schon körperlich vertraut ist (Petting) und mit dem sie einen Schritt weitergehen möchte;

◆ schon in ein paar Situationen sehr große Lust auf Sex hatte, so daß „es" fast schon passiert wäre;

◆ ausreichend aufgeklärt ist über Empfängnisverhütung und Schutz vor AIDS;

◆ in einer Familie oder Umgebung lebt, in der sie wegen ihrer sexuellen Erfahrungen nicht unter Druck gesetzt wird.

EIN MÄDCHEN SOLLTE NOCH WARTEN, WENN SIE

◆ selber noch gar keine Lust hat, aber unter Druck von den Freundinnen steht („Hast du immer noch nicht...?);

◆ noch keinen Jungen kennt, mit dem sie es sich überhaupt vorstellen kann;

◆ keine Lust hat, aber der Freund setzt sie unter Druck;

◆ Probleme mit ihrem Elternhaus bekommen würde, denen sie sich nicht gewachsen fühlt.

Das sind die Vorteile: Du kannst dafür sorgen, daß Ihr Zeit habt und ungestört seid. Ihr könnt die Frage der Verhütung miteinander klären und Euch auf das Zusammensein einstimmen – mit Schmusen, Musik hören, miteinander sprechen. Wichtig: Seid beide flexibel und ehrlich genug, das erste Mal noch einmal zu verschieben, wenn die Lust nicht mitspielt oder die Scheu doch wieder Oberhand gewinnt.

Was passiert eigentlich beim „Ersten Mal"?

Der Unterschied zu späteren sexuellen Begegnungen: Beim ersten Kontakt zerreißt das Jungfernhäutchen (Hymen), das bisher die Scheide verschlossen hat. Der Tatsache, ob ein Mädchen unberührt ist – also ein intaktes Hymen hat –, wird in vielen Teilen der Welt immer noch große Bedeutung beigemessen. Durch die Entjungferung bekommt das Mädchen in diesen Ländern, egal wie alt sie ist, praktisch über Nacht den Status einer erwachsenen Frau, oder sie wird im Gegenteil „wertlos", falls sie unverheiratet ist. Bei uns sind diese Ansichten längst überholt. Ein Mädchen, das bereits sexuelle Kontakte hatte, ist nach unserem Verständnis nicht sofort erwachsen und schon gar nicht „weniger wert".

Angst vor Schmerzen beim ersten sexuellen Kontakt ist unbegründet – wenn beide Partner behutsam miteinander umgehen. Schauergeschichten über unerträgliche Erlebnisse bei der Defloration (Entjungferung) stammen aus einer Zeit, in der Frauen keine sexuelle Lust zugestanden wurde und viele Männer wenig Rücksicht nahmen. Am besten: Das Mädchen überläßt es nicht dem Jungen, zu entscheiden, wann er eindringt, sondern sie bestimmt den Zeitpunkt selbst. Denn wenn sie sexuell erregt ist, tut das Eindringen gar nicht oder kaum weh. Beim Reißen des Hymen gehen meist ein paar Blutströpfchen ab, und in den ersten Stunden danach kann sich das Mädchen ein bißchen wund fühlen. Aber das heißt nicht, daß sie verletzt ist und irgendwelche heilenden Maßnahmen ergreifen müßte.

Wichtig: Schon beim allerersten Mal sind Empfängnisverhütung und Schutz vor AIDS Pflicht. Das heißt: Der Junge sollte in jedem Fall ein Kondom benutzen. Ist der Junge im Gebrauch von Kondomen unerfahren, sollte das Mädchen zu ihrer eigenen Sicherheit zusätzlich ein spermizides (samentötendes) Zäpfchen oder Gel benutzen. Auch eine Alternative: das „Femidon" – ein Kondom für Frauen (allerdings noch nicht überall erhältlich). Es ist gut, prophylak-

Fragen und Antworten zur Sexualität

♦ „PETTING MACHT MIR SPAß, ABER MEIN FREUND WILL MEHR. ICH HABE ANGST, IHN ZU VERLIEREN, WENN ICH NICHT NACHGEBE…"
Es gibt immer wieder – nicht nur in Deinem Alter – Situationen, in denen Frauen glauben, sie müßten mit einem Mann schlafen, obwohl sie gar keine Lust haben. Und auch die Männer scheinen das oft von den Frauen zu erwarten. Dahinter steckt ein Mißverständnis: Anders als Männer (sie brauchen eine Erektion) können Frauen scheinbar „immer", auch ohne große Lust. In Wirklichkeit aber setzt Sex auch seelische Bereitschaft voraus. Mit einem Mann, der das nicht versteht, ist keine Beziehung möglich.

♦ „ICH FLIRTE, SCHMUSE GERNE MIT JUNGEN, ABER SCHLAFE NOCH NICHT MIT IHNEN. EIN PAAR HABEN MIR SCHON GESAGT, DAS SEI UNFAIR. STIMMT DAS?"
Einerseits ist Flirt ein Spiel, bei dem Du Nähe zum anderen Geschlecht ausprobieren und sehen willst, ob Du gut „ankommst". Und: Sex ist nicht die „logische Konsequenz" von Flirt und Zärtlichkeit. Andererseits sollte ein Mädchen auch bedenken: Bei Jungen zwischen 16 und 20 ist der Sexualdrang schon sehr stark, vielleicht sogar stärker als jemals später wieder. Bei ihnen ist die spielerische Ebene sehr schnell vorbei – und sie sind dann frustriert und angespannt, wenn nichts läuft. Daher: Beim Flirten vorsichtig sein, wenn Du noch keinen Sex haben willst!

tisch – also schon vor dem ersten richtigen Sex – auszuprobieren, wie das Frauen-Kondom richtig angewendet wird.

So wird Sex schöner

Es ist neu, aufregend, interessant, aufwühlend, mit einem Jungen zu schlafen – aber es ist ein Märchen, daß ein Mädchen Sex von Anfang an voll genießt und Orgasmen erlebt. Untersuchungen haben gezeigt, daß die Orgasmusfähigkeit von Frauen anfänglich sehr viel geringer ist als die von Männern, aber mit den Jahren immer mehr zunimmt und schließlich die des Mannes überflügelt. Der Grund für die Anlaufschwierigkeiten: Frau und Mann reagieren unterschiedlich schnell auf sexuelle Erregung – und müssen erst lernen, sich aufeinander einzustimmen.

Der große Unterschied: Die körperlichen und seelischen Reaktionen bei sexueller Erregung und beim Orgasmus sind bei Frau und Mann in vielen Punkten gleich. Bei beiden verändern sich Atmung, Durchblutung, und bei beiden wird der sexuelle Höhepunkt von lustvollen, pulsierenden Gefühlen und rhythmischen Muskelkontraktionen begleitet. Aber es gibt einen großen Unterschied im Tempo, mit dem sich bei Frau und Mann sexuelle Erregung zuerst auf- und dann wieder abbaut.

Zum besseren Verständnis der Vorgänge beim Sex haben Wissenschaftler den Ablauf der sexuellen Erregung in unterschiedliche Phasen unterteilt (obwohl beim eigentlichen Erlebnis die Übergänge von einer Stufe der Erregung zur nächsten völlig fließend sind). Die *Erregungsphase* – die Zeit, in der sich die Spannung und die Lust immer stärker aufbauen – dauert bei der Frau sehr viel länger als beim Mann. Bildlich dargestellt steigt die Erregungskurve des Mannes steil an, die der Frau verläuft sehr viel sanfter und flacher. Als *Plateauphase* bezeichnen Sexualwissenschaftler das Stadium, in dem die sexuelle Erregung den Gipfel an Intensität erreicht hat und sich in einem sexuellen Höhepunkt *(Orgasmusphase)* entladen kann (aber nicht muß), falls die sexuelle Stimulation weitergeht. Für beide Geschlechter ist es unangenehm, wenn dieser Gipfel erreicht wurde, die Spannung jedoch nicht aufgelöst wird – etwa, weil man gestört wird und den sexuellen Kontakt deshalb unterbricht. Auch diese Phase dauert bei der Frau länger als beim Mann. Und vor allem: Anders als bei ihm sinkt sie nicht sofort nach dem Orgasmus ab (deshalb kann eine Frau mehrere Höhepunkte erleben). Auch die *Schlußphase,* der Abbau der erotischen Spannung, nimmt bei der Frau mehr Zeit in Anspruch. Länger als der Mann hat sie das Bedürfnis nach Zärtlichkeiten und Austausch.

Wie finden Frau und Mann zueinander? Das geht nur, wenn der Mann lernt, seine sexuelle Erregung zu kontrollieren, was übrigens keine Einbuße seines sexuellen Vergnügens ist. Im Gegenteil: Je besser ein Junge seine Ungeduld zügeln kann, desto länger dauert das sexuelle Erlebnis – und desto schöner wird es auch für ihn. Aber nicht nur die Jungen sind in dieser Frage gefordert: Mädchen dürfen ihre Lust nicht dem Können und der Erfahrung des Mannes überlassen. *Wichtig:* Wenn der Mann schon eingedrungen ist, fällt es ihm schwerer, seine Erregung zu kontrollieren. Daher sollte sich das Mädchen nicht drängen lassen, sondern zeigen, wann sie bereit dafür ist.

♦ „DAS SCHMUSEN MIT MEINEM FREUND GENIEßE ICH SEHR, ABER BEIM SEX EMPFINDE ICH FAST NICHTS. BIN ICH FRIGIDE?"
Die Orgasmusfähigkeit hat – vor allem bei Mädchen – sehr viel mit der seelischen Bereitschaft zu tun, völlig loszulassen. Es braucht Zeit, bis das gelingt. Am besten, Du vergißt die Orgasmusfrage und genießt erst mal, was passiert. Eine gute Hilfe, um orgasmusfähiger zu werden: Laß Dich von Deinem Freund bis zum Höhepunkt streicheln. Auf diese Weise lernt er, was Dich erregt. Und Du lernst, ihm zu vertrauen.

♦ „IST ES WICHTIG, DAß WIR DEN ORGASMUS GEMEINSAM ERLEBEN?"
Nein, das ist überhaupt nicht wichtig. Viele Menschen finden es sogar schöner, den Höhepunkt des Partners bewußt mitzuerleben und dann den eigenen zu genießen (oder umgekehrt).

♦ „ICH FÜHLE MICH NICHT VON GLEICHALTRIGEN JUNGEN, SONDERN NUR VON ÄLTEREN MÄNNERN ANGEZOGEN. WAS SOLL ICH TUN?"
Für eine erotische Begegnung hat das Zusammensein mit einem älteren Mann große Vorteile. Er ist sexuell wahrscheinlich schon erfahren und kann seine Partnerin besser ins Reich der Erotik einführen. Aber wenn es um eine Beziehung geht, hat das Zusammensein mit einem Älteren einen wesentlichen Nachteil: Es ist für Mädchen ohnehin noch immer nicht ganz leicht, eine gleichberechtigte Partnerschaft zu entwickeln. In einem Vater-Tochter-Verhältnis wird es fast unmöglich.

113

Empfängnis-verhütung: Die richtigen Mittel und Methoden

◆ *Wann soll ein Mädchen mit Verhütung beginnen?*
◆ *Üben schützt vor peinlichen Situationen.* ◆ *Welche
Methode ist wann die beste?* ◆ *Doppelt verhüten, um
Pannen zu vermeiden?*

Das Thema Empfängnisverhütung stellt sich nicht
erst, wenn Du Deine ersten sexuellen Erfahrungen
machst, sondern genaugenommen schon einige Zeit
zuvor. Denn die Wahl des Verhütungsmittels und seine richtige Anwendung setzen Wissen voraus. Wissen, das Du parat haben mußt, wenn es wirklich soweit ist.

Keine Lust auf Verhütung – was steckt dahinter?

Verhütung ist heute kein Tabuthema mehr, und noch
nie gab es soviele unterschiedliche Methoden, die
einfach anzuwenden und auch einfach zu bekommen
sind. Und doch passiert es immer wieder, daß Verhütung vergessen oder nicht wirklich ernstgenommen
wird. Psychologen sagen, daß es in uns Gefühlsbar-
rieren gibt, die uns manchmal dazu verleiten, wider
besseres Wissen unvorsichtig zu sein. Ungeschützter
Sex ist heute aber doppelt riskant geworden. Nicht
mehr wie früher „nur" wegen einer ungewollten
Schwangerschaft, sondern auch wegen der tödlichen
Gefahr von *AIDS*. (Ausführliche Informationen zu
diesem Thema findest Du ab Seite 134.) Um Dich vor

gefährlichen Nachlässigkeiten zu schützen, solltest Du einmal „in Dich gehen", versuchen herauszufinden, ob auch in Dir solche Barrieren existieren – und wenn ja, welche das sind.

Das sind die typischen Einwände gegen Verhütungsmittel:

Empfängnisverhütung macht die Romantik kaputt. Diese Befürchtung ist vor allem bei jungen, sexuell unerfahrenen Menschen verbreitet. Ihnen ist es oft peinlich, beim erotischen Zusammensein über ein so sachliches Thema zu sprechen oder ein Kondom herauszuholen, wenn sie Lust und Liebe füreinander empfinden. Aber mach Dir nichts vor: Romantische Gefühle und Leidenschaft können sich erst recht nicht entwickeln, wenn Du insgeheim Angst haben mußt, es könnte etwas passieren.

Sex ist weniger schön mit Verhütungsmitteln: Dieses Argument wird oft gegen Kondome gebraucht. Laß Dich nicht beeindrucken, wenn ein Junge aus diesem Grund „ohne" mit Dir schlafen möchte. Die modernen Kondome sind hauchdünn, und machen den sexuellen Kontakt weder für die Frau noch für den Mann weniger lustvoll.

Soll doch mein Partner für die Verhütung sorgen! In der älteren Generation gehen die Männer meist ganz selbstverständlich davon aus, die Frau müsse sich um die Verhütung kümmern – und die Frauen ihrerseits nehmen die Verantwortung ganz automatisch auf sich. Jugendliche sind oft noch vom Gegenteil überzeugt – Verhütung sei Sache der Jungen. Aber beides ist falsch, denn Verhütung geht immer beide an. So wie Dein Partner nicht automatisch von Dir erwarten darf, daß Du die Pille nimmst, solltest

Du nicht fraglos davon ausgehen, daß der Junge Kondome hat und benutzt. Es geht auch um Dich und um Deine Gesundheit. Besorge Dir deshalb selber Kondome – für ihn, und für Dich.

Empfängnisverhütung kann der Gesundheit schaden! Das ist Unsinn. Kondome haben überhaupt keine Nebenwirkungen. Und auch bei der Pille sind die gesundheitlichen Risiken geringer als etwa bei einer Schwangerschaft oder einer Abtreibung.

Ich habe noch so selten Sex, daß ich keine Verhütung brauche. Ein einziger sexueller Kontakt kann genügen! Wie oft oder selten Du Sex hast, beeinflußt zwar die Wahl der Methode, macht aber Verhütung nicht überflüssig.

Ich weiß nicht, wo ich Verhütungsmittel bekommen kann! Das ist reine Trägheit! Kondome gibt es überall. Bei der Wahl einer anderen Methode helfen problemlos der Arzt oder eine Beratungsstelle der Pro Familia (Adresse siehe Seite 191).

Welche Verhütungsmethoden sind besonders geeignet für Mädchen?

Für junge Mädchen ist die Wahl der richtigen Verhütungsmethode nicht ganz einfach. Einerseits soll diese besonders sicher sein – denn eine ungewollte Schwangerschaft ist in der Jugend oft schlimmer als in späteren Jahren, wenn eine Frau ihre Ausbildung beendet, einen Beruf gelernt und vielleicht sogar schon Kinder bekommen hat. Hinzu kommt, daß eine Schwangerschaft für ein Mädchen unter 16 auch ein gesundheitliches Risiko bedeuten kann. Andererseits fehlt jungen Mädchen die Erfahrung mit dem eigenen Körper, dem eigenen Zyklus. Und da die kör-

Fünf Irrtümer über Sex

1. Bei der Entjungferung kann ein Mädchen noch nicht schwanger werden! FALSCH: Es kann schon beim ersten Mal passieren.

2. Wenn ein Mädchen ihre Tage hat, kann sie nicht schwanger werden! FALSCH. Auch in dieser Zeit ist eine Befruchtung nicht ganz ausgeschlossen.

3. Wenn ein Mädchen sich gleich nach dem Sex wäscht, kann nichts passieren! FALSCH. Durch Waschen oder Duschen der Scheide werden die Spermien sogar noch mehr nach oben, Richtung Gebärmutter, gespült.

4. Wenn ein Mädchen den Samen gleich wieder herauslaufen läßt, ist es vor einer Schwangerschaft sicher! FALSCH. Spermien sind schnell und können, gegen die Schwerkraft, nach oben in die Gebärmutter schwimmen.

5. Wenn der Junge außerhalb der Scheide ejakuliert, kann das Mädchen nicht schwanger werden! FALSCH. Bereits in der Flüssigkeit, die der Penis vor dem eigentlichen Orgasmus absondert, sind Samenfäden enthalten.

perliche Entwicklung in den Jahren unter 18 noch nicht ganz abgeschlossen ist, kommen noch nicht alle heute verfügbaren Verhütungsmethoden in Frage. Trotz dieser Einschränkungen ist es aber möglich, sich auch in jungen Jahren zuverlässig zu schützen.

Zwei goldene Regeln für junge Mädchen: Solange Du noch nicht ausreichend Erfahrung gesammelt hast und nicht einschätzen kannst, wie zuverlässig Ihr (Du und Dein Freund) mit Verhütung umgeht, solltet Ihr prinzipiell *doppelgleisig* fahren: Euch nicht auf *ein* Mittel verlassen, sondern zwei oder sogar drei kombinieren. So bist Du auch bei Anwendungsfehlern (zum Beispiel mit der Pille) oder Pannen (zum Beispiel mit dem Kondom) geschützt. Auch wichtig: Femidom, Diaphragma und Spermizide solltest Du prophylaktisch ausprobieren – schon bevor Du Sex hast. Mach Dich auch mit der richtigen Anwendung des Kondoms vertraut – so kannst Du Deinem Partner helfen, wenn er ungeschickt oder unsicher ist.

Verhütungsmethoden, die für junge Mädchen geeignet sind:

Das Kondom: eine dünne Hülle, die der Junge über den Penis zieht, bevor er eindringt. Heute eigentlich ein Muß für alle jungen Menschen, da es gleichzeitig vor AIDS schützt. Das Kondom ist das einzige Verhütungsmittel, das vom Mann benutzt wird.

Das Femidom (Frauenkondom): ein hauchdünner Plastikschlauch, den das Mädchen in die Scheide einführt. Es deckt den Muttermund und die Wände der Vagina ab, bietet also nicht nur Schutz vor einer

Empfängnis, sondern auch vor AIDS. Für den ersten sexuellen Kontakt ist dieses Mittel nicht geeignet, weil die Scheide noch durch das Hymen verschlossen ist.

Das Diaphragma: eine dünne Plastikscheibe, die vor dem Sex in die Scheide eingeführt wird und den Muttermund verschließt. Als zusätzliche Sicherheitsmaßnahme solltest Du die Scheibe mit samentötendem Gel bestreichen. Das Diaphragma bietet keinen Schutz vor AIDS, da die Wände der Vagina nicht davon bedeckt sind. Diaphragmen müssen vom Arzt angepaßt werden.

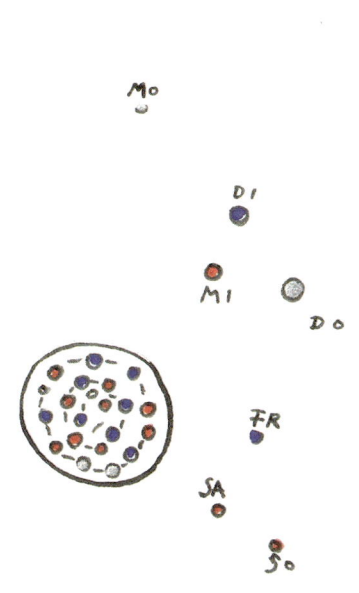

Die Pille gibt es heute in so vielen unterschiedlichen Zusammensetzungen und Dosierungen, daß auch für junge Mädchen geeignete Präparate existieren. Auch die früher gültige Einschränkung – die Pille solle nur körperlich ausgewachsenen Mädchen verschrieben werden – gilt bei den modernen Präparaten nicht mehr in jedem Fall. Das Mittel sollte mit dem Arzt abgestimmt werden.

Verhütungs-Strategien für junge Mädchen:

Kondom und Spermizid (und/oder Femidom): bei lockeren Beziehungen und solange der Monatszyklus noch nicht stabil ist. Oder wenn Du noch so selten Sex hast, daß die Pille sich einfach nicht lohnt. (Was Spermizide sind, wird auf Seite 122 erklärt.)

Kondom und eine niedrigdosierte Pille (oder ein Diaphragma): für Mädchen mit stabilem Zyklus und regelmäßigen sexuellen Kontakten.

Die Pille allein: nur bei einer absolut monogamen Beziehung und wenn Dein Zyklus schon regelmäßig geworden ist.

Verhütungsmethoden, die für junge Mädchen ungeeignet sind:

Die Spirale (Intra-Uterin-Pessar): Das ist ein Gegenstand, meist aus Plastik, der vom Arzt in die Gebärmutter eingesetzt wird und dort zwei bis drei Jahre bleibt. Der richtige Sitz wird einmal im Jahr per Ultraschall überprüft. An ihrem unteren Ende hat die Spirale zwei Fädchen, die aus der Gebärmutter in die Vagina ragen und mit denen sie jederzeit vom Arzt entfernt werden kann. Die Spirale ruft eine örtlich begrenzte Entzündung in der Gebärmutter hervor und macht es damit einer möglicherweise befruchteten Eizelle unmöglich, sich einzunisten. Manche Spiralen geben als zusätzliche Verhütungsmaßnahme kontinuierlich Hormone an die Gebärmutterschleimhaut ab.

Die Spirale wird von jungen Mädchen nicht gut vertragen. Sie führt bei ihnen vermehrt zu schmerzhaften, starken Menstruationsblutungen und Krämpfen. Außerdem ist das Risiko, daß die Gebärmutter den Fremdkörper ausstößt, bei jungen Mädchen nachweislich besonders groß. Wegen der erhöhten Infektionsrate (mit Gefahr von Unfruchtbarkeit) wird die Spirale heute vor allem Frauen eingelegt, die schon Kinder hatten und voraussichtlich nicht mehr schwanger werden wollen.

Die natürliche Methode: So nennt man Verhütung, die auf der Bestimmung der fruchtbaren Tage beruht. Wann sie fruchtbar ist, kann eine Frau durch genaue Körperbeobachtung und regelmäßiges Messen ihrer Aufwachtemperatur feststellen. Kurz vor dem Eisprung spüren Frauen oft ein typisches Ziehen im Bauch – den sogenannten „Mittelschmerz" –, der

Schleim in der Vagina und um den Muttermund herum wird flüssiger, feuchter, durchsichtiger, und die Aufwachtemperatur sinkt um ein Zehntelgrad ab. Unmittelbar nach dem Eisprung steigt sie um ein paar Zehntelgrade an und bleibt für den Rest des Zyklus erhöht. Frauen, die sich nach dieser natürlichen Methode richten, schützen sich nur in den Tagen um den Eisprung herum mit Mitteln wie Kondom, Diaphragma oder Spermiziden.

Für junge Mädchen ist diese Methode viel zu unsicher: Ihr Zyklus ist noch nicht regelmäßig genug, und sie haben noch nicht genügend Erfahrung mit ihrem Körper, um Schleimveränderungen oder Temperaturkurven wirklich beurteilen zu können.

So werden Verhütungsmittel richtig benutzt

Die meisten Schwangerschaften trotz Verhütungsmittel – egal ob Kondom oder Pille – werden ganz schlicht durch Anwendungsfehler verursacht. Hier sind wichtige Regeln für den Umgang.

Das Kondom: Schon beim Einkauf auf die Sicherheit achten. Nur Markenkondome mit Gütesiegel kaufen und aufs „Frischedatum" schauen (älter als ein Jahr sollte das Kondom nicht sein). Am besten: Kondome, die mit Gleitmittel und Spermizid (Nonoxynol 9) beschichtet sind und ein sogenanntes „Reservoir" haben (steht auf der Packung). Vor dem sexuellen Kontakt: Das Kondom – aufgerollt, wie es aus der Packung kommt – an der Spitze festhalten, damit sich kein Luftkissen im „Reservoir" bildet, mit den Fingerspitzen langsam über den erigierten Penis rollen. Danach: Den Penis rechtzeitig, also *vor* dem Nachlassen der Erektion, aus der Scheide zurückzie-

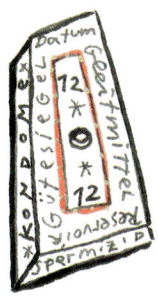

hen. Dabei – das ist sehr wichtig – das Kondom mit den Fingern festhalten, damit es nicht abrutscht. *Kondome für Mädchen ("Femidon"):* ebenfalls *vor* dem sexuellen Kontakt in die Scheide einführen, *danach* an der Vorderseite zusammenhalten und herausziehen. Hände waschen, damit keine Spermareste darauf bleiben.

Spermizide – Schaum, Gel, Zäpfchen: Spermizide sind chemische Substanzen, die vor der sexuellen Vereinigung in die Scheide eingeführt werden. Manche dieser Mittel enthalten die Substanz Nonoxynol 9, die auch einen gewissen Schutz vor Geschlechtskrankheiten bietet. Wichtig ist, Spermizide *nie* als einzige Methode, sondern nur in Kombination mit Kondom oder Diaphragma anzuwenden, sie sind sonst zu unsicher. Bei wiederholtem Sex vor jeder Vereinigung eine neue Dosis nehmen.

Diaphragma: Die Gummikappe wird mit spermizider Creme gefüllt und direkt über den Muttermund gestülpt. Das hat den Vorteil, daß nicht die ganze Vagina voll Gel oder Schaum ist. Sie darf erst acht Stunden nach dem Verkehr entfernt werden – allerdings sollte sie auch nicht länger in der Scheide bleiben. Das Diaphragma muß passen, die richtige Größe also von Arzt oder Ärztin bestimmt werden. Es wird mit Rezept und zusammen mit der spermiziden Creme in der Apotheke gekauft. Da Mädchen noch wachsen, muß vom Arzt regelmäßig kontrolliert werden, ob die Größe noch stimmt. Den Gebrauch solltest Du möglichst ein paarmal geübt haben, bevor Du das Diaphragma benutzt. Wichtig: Bei wiederholtem Sex jedesmal vorher eine Dosis Creme in die Vagina einführen, ohne dabei das Diaphragma zu entfernen.

Die Pille: Bevor Du Dich dafür entscheidest, solltest Du Dich vom Arzt gründlich untersuchen lassen. Falls Du alleine zu diesem Termin gehst, frage Deine Mutter nach Krankheiten, die in Deiner Familie häufig vorgekommen sind – der Arzt oder die Ärztin muß sie kennen, um das für Dich beste Präparat herauszufinden. Außerdem: Informiere sie auch darüber, welche anderen Medikamente Du regelmäßig einnimmst – sie könnten die Wirkung der Pille beeinträchtigen. Die Einnahme: Die Angaben dazu stehen auf dem Beipackzettel und sollten strikt befolgt werden. Die Pille vergessen, einmal auslassen oder verspätet einnehmen, ist bei den für junge Mädchen üblichen, sehr niedrig dosierten Präparaten immer riskant – vor allem, wenn der Einnahmefehler am Anfang oder gegen Ende des Zyklus passiert. Bei Einnahmefehlern: Die Pille weiternehmen, aber ab sofort und bis zum Ende des Zyklus *zusätzlich* verhüten. Dasselbe gilt auch bei Durchfallerkrankungen oder Erbrechen. Gründe, den Arzt aufzusuchen: Es gibt Mädchen und Frauen, die die Pille einfach nicht vertragen. Depressive Verstimmungen, Migräne, Bauchschmerzen, Schwindel, starke Übelkeit und Gewichtszunahme sind typische Anzeichen dafür. Der Arzt wird Dir ein anderes Präparat verschreiben oder eventuell ganz von dieser Methode der Verhütung abraten. Angenehme Nebenwirkung der Pille: Die Menstruationsblutung ist leichter, kürzer und weniger schmerzhaft.

Wenn es doch passiert ist....

... dann gibt es die „PILLE FÜR DEN MORGEN DANACH" als eine Art Notbremse. Wird sie 24 bis spätestens 48 Stunden nach dem ungeschützten Sex eingenommen, verhindert sie, daß sich die eventuell befruchtete Eizelle einnistet (ähnliches Prinzip wie bei der Spirale). Das ist keine Abtreibung – denn die Schwangerschaft beginnt erst mit der Einnistung in die Gebärmutter.

Die „Pille für den Morgen danach" heißt TETRAGYNON und besteht aus vier Dragees. Sie kann nur vom Arzt verschrieben werden, also mußt Du im Notfall darauf bestehen, sofort einen Termin zu bekommen (am besten, Du sagst, daß Du nur ein Rezept brauchst). Wird sie rechtzeitig eingenommen, verhindert sie mit 99prozentiger Sicherheit eine Schwangerschaft. Die Nebenwirkungen (Übelkeit, Schwindel) sind nur leicht – aber trotzdem handelt es sich dabei um eine „Hormonbombe", die Du nur nehmen solltest, wenn Deine Sorge berechtigt ist (zum Beispiel, weil das Kondom geplatzt ist oder die Verhütung in der Aufregung ganz vergessen wurde).

Die „Pille für den Morgen danach" ist nicht zu verwechseln mit der „Abtreibungspille" (RU 486) – einem Hormonpräparat, das eine bereits entstandene Schwangerschaft im Frühstadium noch unterbrechen kann. Diese Pille ist in Deutschland verboten (in Frankreich erlaubt).

Schwanger: Was ist zu tun?

◆ *Die ersten Anzeichen.* ◆ *So schnell wie möglich ein Test.*
◆ *Tage der Entscheidung.* ◆ *Schwangerschafts-Abbruch – die einfachste Lösung?* ◆ *Das Baby bekommen und behalten – auch eine Möglichkeit?*

Es gibt einen grundsätzlichen Unterschied für Mädchen und Jungen in puncto Sexualität: Ein Mädchen kann dabei schwanger werden. Egal, ob sie ein Kind will oder nicht, ob eine Schwangerschaft für sie jetzt willkommen oder im Gegenteil eine Tragödie wäre – immer spielt für eine Frau beim Sex auch diese Dimension eine Rolle. Und irgendein oft unbewußter Teil von ihr sehnt sich nach einem Kind, auch wenn ihr Verstand das strikt ablehnt oder Angst davor hat. Das muß sie wissen, um nicht nur mit der Frage von Verhütung verantwortungsvoll umzugehen, sondern auch mit der Tatsache, daß sie möglicherweise schwanger geworden ist.

Die ersten Anzeichen, daß „es" passiert ist

Frauen, die schon einmal schwanger waren, spüren es oft, schon ehe der Test positiv ist – sie fühlen sich einfach anders. Aber es gibt auch objektive Anzeichen, die bedeuten können (aber nicht müssen), daß eine Frau ein Kind bekommt.

Die Regel bleibt aus: Dafür kann es zwar auch andere Gründe geben (Krankheit, Stress, eine Hungerkur); aber wenn ein Mädchen schon einen weitgehend regelmäßigen Zyklus und sexuelle Kontakte hat, ist das Ausbleiben der Regel fast immer ein sicheres Zeichen dafür, daß sie schwanger geworden ist.

Die Monatsblutung ist anders als sonst: Sie kommt zwar pünktlich zum erwarteten Termin, ist aber ganz schwach, dauert nur ein paar Stunden oder einen Tag. Auch das kann bedeuten, daß eine Schwangerschaft bereits begonnen hat.

Bauchweh und Rückenschmerzen: Normalerweise sind sie ein Zeichen dafür, daß die Regel unmittelbar bevorsteht – aber wenn die Periode nicht kommt und die Bauchschmerzen nicht aufhören, liegt wahrscheinlich eine Schwangerschaft vor.

Die Brüste werden weicher und voller, die Brustwarzen „kribbeln" und reagieren hochempfindlich auf Berührungen.

Übelkeit ohne erkennbaren Grund, nicht nur am Morgen, sondern auch tagsüber, ist ein typisches Schwangerschaftszeichen. Auch plötzlicher Ekel vor bestimmten Speisen und Gerüchen.

Müdigkeit gehört ebenfalls zur frühen Schwangerschaft – man kommt morgens schwer aus dem Bett und ist, auch nach einem ruhigen Tag, am Abend früher schläfrig als sonst.

Auch wenn die Waage noch keine *Gewichtszunahme* anzeigt, ist der Bauch runder, gespannter, die Röcke zwicken in der Taille, und die Jeanshose geht nicht mehr so leicht zu.

Der erste Schritt:
So schnell wie möglich ein Test

Die übliche Reaktion vieler junger Mädchen, wenn
sie befürchten, schwanger zu sein: Sie tun erst mal
gar nichts, versuchen, sich nichts anmerken zu lassen, würden das Ganze am liebsten vergessen. Sie
spüren, daß eine schwierige Zeit, ein schwerer Ent-
scheidungsprozeß auf sie zukommt – den wollen sie
so lange wie möglich hinausschieben. Es ist aber viel
besser, sich so bald wie möglich Klarheit zu ver-
schaffen. Eine unangenehme Wahrheit ist immer
noch besser zu ertragen als das quälende Hoffen und
Warten, ob sich nicht vielleicht doch alles von selber
löst. Außerdem: Je früher Du Bescheid weißt, desto
länger hast Du Zeit, die für Dich richtige Entscheidung zu treffen. Auch Deine Familie hat mehr Zeit,
sich an die Neuigkeit zu gewöhnen, kann Dich also
besser und sachlicher beraten.

Wie bekommst Du Sicherheit? Am einfachsten
durch einen Test. Die Baby-Tests weisen nach, ob sich
im Urin das sogenannte Schwangerschaftshormon
befindet. Es wird schon vom Augenblick der Ei-Ein-
nistung an im Organismus gebildet, aber erst nach etwa zwei Wochen in nachweisbaren Mengen. Weitere
Möglichkeiten, mit denen der Arzt eine Schwangerschaft feststellen kann: Ultraschallaufnahmen von
der Gebärmutter; Tastuntersuchung – die Gebärmutter wird weicher und größer.

Wo soll der Test gemacht werden? Do-it-yourself-
Tests (aus der Apotheke) sind besonders praktisch.
Allerdings mußt Du die Gebrauchsanweisung wirklich sehr genau befolgen. Weitere Möglichkeiten: Du
bringst ein Fläschchen mit Deinem Morgenurin

(darin ist die Konzentration des Schwangerschaftshormons am höchsten) in die Apotheke oder zum Frauenarzt. *Wichtig*: Die Tests können schon gemacht werden, wenn die Regel gerade eben ausgeblieben ist. Aber zur Sicherheit solltest Du ein paar Tage warten, dann ist das Ergebnis zuverlässiger.

Der Test ist negativ: Das bedeutet mit großer Wahrscheinlichkeit, daß Du nicht schwanger bist. Kommt die Periode aber weiterhin nicht, solltest Du den Test nach einer Woche wiederholen. Ist er immer noch negativ, laß vom Arzt abklären, warum Dein Zyklus streikt.

Der Test ist positiv: Du bist mit 99prozentiger Sicherheit schwanger. Falsche Test-Ergebnisse sind so selten, daß Du nicht darauf hoffen solltest. Falls Du nicht mehr genau weißt, wann Deine letzte Regel war und wann Du sexuelle Kontakte hattest, laß Dir sobald wie möglich einen Termin bei Deiner Ärztin geben. Für alle weiteren Überlegungen und Schritte ist es sehr wichtig, daß Du weißt, wie fortgeschritten die Schwangerschaft schon ist. Melde Dich außerdem sofort zur Schwangeren-Beratung in einer Beratungsstelle der Pro Familia an (Adressen auf Seite 191). Die Wartezeiten sind dort oft ziemlich lang.

Mit jemandem reden

Zuerst wirst Du es vielleicht Deiner besten Freundin anvertrauen oder Deinem Freund. Aber sobald wie möglich mußt Du auch mit Erwachsenen über Deine Situation sprechen. Sie wissen wahrscheinlich besser, was zu tun ist oder können die nötigen Informationen beschaffen. Außerdem werden sie Dich eher dazu ermutigen, rasch eine Entscheidung zu

Gemischte Gefühle

◆ KAREN, 18: „Ich war schon 28 Tage überfällig, aber meine Periode kommt immer so unregelmäßig, deshalb habe ich mir noch nichts gedacht. Dann bekam ich Krämpfe und Brechreiz. Ich dachte, jetzt kommt die Regel. Ich wußte nicht, daß es sich auch so anfühlt, wenn man ein Kind bekommt."

◆ ANGELIKA, 15: „Ich wollte es einfach nicht glauben, obwohl alle Anzeichen da waren – keine Regel, Übelkeit, Gewichtszunahme. Ich habe niemandem was gesagt und nichts unternommen. Bis mich meine Mutter eines Tages darauf angesprochen hat, ob ich vielleicht schwanger bin. Sie ist mit mir dann sofort zum Arzt gegangen. Da war ich schon im 6. Monat."

◆ ADRIENNE, 18: „Als ich es erfahren habe, saß ich die ganze Nacht auf meinem Bett und dachte immer nur: Das kann doch einfach nicht sein. Ich doch nicht! Ausgerechnet jetzt vor dem Abitur. Ich war wie gelähmt."

MARLIES, 17: „Ich will kein Baby, ganz bestimmt nicht. Mein Freund sagt: warum sollen wir es nicht bekommen? Aber ich habe andere Pläne. Ist mir egal, was er denkt. Schließlich hat er mich in den Schlamassel gebracht."

◆ ANITA, 15: „Ich möchte das Baby. Ich weiß, daß ich eine gute Mutter sein werde, obwohl ich selber noch so jung bin. Ich muß meine Eltern davon überzeugen, daß ich es schaffe..."

treffen, das Problem nicht zu verschleppen. Wichtig: Niemand – weder Deine Eltern noch der Vater des Kindes – darf Dich jetzt unter Druck setzen. Falls das geschieht, such Dir sofort eine andere Vertrauensperson, mit der Du Dich beraten kannst. Die Entscheidung, ob Du das Kind bekommst oder nicht, geht in erster Linie Dich an und hat Konsequenzen für Dein Leben. Du brauchst jetzt Menschen, die Dir helfen, Deine Entscheidung zu finden, aber nicht versuchen, Dir ihre Meinung aufzuzwingen.

Dein Freund: Du mußt mit dem Vater des Kindes auch sprechen, wenn Ihr nur eine lose Beziehung habt. Und Du mußt ihn dazu ermutigen, daß auch er mit seiner Familie spricht. Sei gewappnet: Die meisten Jungen fühlen sich durch eine solche Tatsache restlos überfordert, halbherzige Freundschaften überleben diese Belastung selten. Deinem Freund mag ein Schwangerschafts-Abbruch als die einfachste Lösung erscheinen – und aus seiner Sicht stellt es sich ja auch so dar: Man geht zum Arzt und ist das Problem los. Laß Dich davon nicht unter Druck setzen: Es geht bei einem Abbruch um Dich, Dein Leben und Deine Gesundheit, deshalb mußt Du Dir die Entscheidung gut überlegen.

Deine Eltern: Sie sind eigentlich die erste und beste „Anlaufstelle", weil sie Dich gut kennen und Deine Situation überblicken. Auch wenn Deine Eltern verständnisvoll sind – das Gespräch mit ihnen wird nicht ganz einfach sein. Gestatte ihnen erst mal heftige Reaktionen (schließlich müssen sie sich ja auch an die Neuigkeit gewöhnen). Die Erfahrung zeigt, daß die meisten Eltern sich recht rasch auf die Situation einstellen. Haben sich Deine Eltern jedoch in

Schritte zur Entscheidung

◆ Mach Dir klar: Nichts zu entscheiden heißt in diesem Fall sich FÜR DAS KIND zu entscheiden.

◆ Mach Dir eine Liste, in der Du alle für Dich positiven und negativen Gründe für oder gegen das Baby aufschreibst. Notiere auch Gedanken und Gefühle – beim Aufschreiben werden sie oft klarer.

◆ Wenn Du Dich entschieden hast, unternimm SOFORT einen Schritt, der diese Entscheidung verbindlicher macht (zum Beispiel: Termin beim Arzt, Gespräch mit den Eltern, mit dem Freund usw..)

◆ Rechne damit, daß Du weiterhin Zweifel haben wirst, ob Du den richtigen Schritt machst. Das ist kein Zeichen dafür, daß Deine Entscheidung falsch war. Verdränge die Unsicherheit nicht, sonder sprich mit jemandem darüber.

der Vergangenheit in Krisensituationen nicht sehr hilfreich gezeigt, versuche, erst andere Menschen (Verwandte, Ärztin, Lehrerin) einzuweihen, die Dir dann beim Gespräch mit Deinen Eltern helfen. Übrigens haben Krisen wie eine ungewollte Schwangerschaft in vielen Familien nach dem ersten Schock eine durchaus positive Wirkung: Eltern und Tochter kommen sich oft ein gutes Stück näher, können vielleicht besser miteinander sprechen als vorher.

Andere Anlaufstellen: Ärztin, Lehrerin, Seelsorger, Beratungsstelle der Pro Familia und vor allem Mädchen, die eine ähnliche Situation durchlebt haben. Gespräche mit Menschen, denen Du vertraust, können Dir wichtige Hinweise und Entscheidungshilfen geben. Natürlich wirst Du sehr unterschiedliche Meinungen zu hören bekommen, aber das hilft Dir, Deinen eigenen Weg zu finden.

Die Schwangerschaft unterbrechen

Für einen legalen Schwangerschaftsabbruch setzt der Gesetzgeber eine Frist von 12 Wochen, gerechnet vom ersten Tag der letzten Periode.

Welche Schritte mußt Du unternehmen? Folgende Dinge müssen beschafft werden, damit die Schwangerschaft abgebrochen werden kann: die Bescheinigung über eine soziale und medizinische Beratung, die mehr als drei Tage vor dem Eingriff stattgefunden haben muß. Ein bundesweites Verzeichnis der Beratungsstellen für die Schwangerschafts-Konfliktberatung verschickt das Bundesministerium für Familie und Senioren (die Adresse steht auf Seite 191). Außerdem brauchst Du von Deiner Ärztin einen Überweisungsschein in die Klinik.

Was geschieht bei dem Eingriff? Der Muttermund ist normalerweise nur etwa einen Millimeter weit geöffnet. Nun wird er etwa auf Fingerdicke erweitert, indem nach und nach immer dickere Metallstäbchen in ihn eingeführt und wieder entfernt werden. Dann kann der Arzt durch den Muttermund ein Röhrchen in die Gebärmutter schieben und ihren gesamten Inhalt absaugen. Da das Erweitern des Muttermunds ziemlich schmerzhaft ist, wird für den Eingriff entweder eine örtliche Betäubung oder eine kurze Vollnarkose gegeben.

Der Eingriff dauert ungefähr zehn bis 15 Minuten. Er kann in der Arztpraxis oder in der Klinik ambulant gemacht werden, das heißt, Du kannst danach wieder nach Hause gehen. Bei Schwangerschafts-Abbrüchen, die fachgerecht vor der 12. Woche vorgenommen werden, sind keine negativen Folgen für die Gesundheit (und die Fruchtbarkeit) zu befürchten.

Die Zeit danach: Die meisten Frauen fühlen sich schon gleich nach dem Eingriff fast „wie immer" – allenfalls ein leichtes Ziehen im Bauch und die Blutung zeigen, daß etwas geschehen ist. Die Blutung kann schon nach ein bis zwei Tagen vorüber sein, sie kann aber auch bis zu drei Wochen anhalten. Etwa zwei bis drei Wochen dauert es, bis der künstlich geweitete Muttermund wieder fest verschlossen ist. In dieser Zeit besteht Infektionsgefahr: Durch die Öffnung könnten Keime und Bakterien direkt in die Gebärmutter wandern. Deshalb: kein Sex, keine Vollbäder, kein Schwimmen, keine Tampons. Seltene Komplikationen nach einem Abbruch: Fieber, starke Bauchschmerzen, schwere Blutungen – bei solchen Symptomen mußt Du sofort den Arzt aufsuchen. Et-

Abschied vom Baby

Ist Deine Entscheidung für eine Abtreibung gefallen, solltest Du die verbleibenden Tage dafür nutzen, innerlich Abschied vom ungeborenen Kind zu nehmen. Das mag Dir sentimental oder zu schmerzhaft erscheinen – aber alle Erfahrungen zeigen, daß es ein notwendiger Schritt ist, um das Ereignis seelisch besser zu verkraften. Denn auch wenn Du es vielleicht nicht spürst: Es gibt in Dir mütterliche Gefühle und Traurigkeit, weil Du das Kind nicht bekommen kannst. Diese Gefühle aufzulösen ist besser, als sie jahrelang mitzuschleppen.

So könnte dieses Abschiednehmen aussehen: Sorge dafür, daß Du ungestört bist; lege Dich entspannt auf den Boden, nimm Kontakt zu dem Ungeborenen auf. Sage ihm alle Gefühle – liebevolle und ärgerliche –, die sich in Dir melden. Erkläre ihm, warum Du es jetzt nicht bekommen kannst. Dann nimm Abschied. WICHTIG: Es kann sein, daß Du davon sehr aufgewühlt wirst und weinen mußt. Hab keine Angst vor Deinen Gefühlen. Dadurch, daß sie Dir jetzt bewußt werden, können sie sich allmählich auflösen.

wa vier Wochen nach dem Eingriff ist es Zeit für eine Nachuntersuchung. Dabei wird kontrolliert, ob die Gebärmutter sich wieder ganz zurückgebildet und der Muttermund geschlossen hat. Besprich gleich mit dem Arzt Deine zukünftige Verhütung!

Auch emotional verkraften die meisten Mädchen den Eingriff viel besser, als oft befürchtet oder ihnen angedroht wird – vorausgesetzt, sie konnten die Entscheidung ganz ohne Druck treffen. Häufigstes Gefühl danach: Erleichterung. Oft fließen aber beim Erwachen aus der Narkose erst mal Tränen. Sie sind ein gesundes Zeichen dafür, daß sich die Spannung und die Traurigkeit der letzten Wochen lösen. Wichtig: Hat ein Mädchen „ihrem Freund oder ihren Eltern zuliebe" abgetrieben oder den Eingriff heimlich – ohne Unterstützung der Familie – machen lassen, sind Schuldgefühle, Zorn und Trauer natürliche Reaktionen, Ventile, mit denen sich die Psyche jetzt Luft schafft. Einige Beratungsgespräche wären gut – vielleicht kann eine Lehrerin, Pro Familia, eine Ärztin weiterhelfen.

Das Baby bekommen

So sieht der Idealfall aus: Du möchtest Dein Baby bekommen, und Deine Eltern haben sich bereit erklärt, das Kind mit aufzuziehen, Euch beiden Wohnung, Unterhalt und emotionale Unterstützung zu bieten, so daß Du Deine berufliche Ausbildung oder die Schule beenden kannst. Gleichzeitig sind sie durchaus bereit, Dir die Verantwortung für das Baby zu lassen, sich nicht in alles einzumischen. Bei idealen Voraussetzungen kann es eine sehr positive Erfahrung für Dich sein, ein Kind zu bekommen. Aber auch

Gleich wieder schwanger?

Die Erfahrung zeigt, daß viele Frauen nach einem Schwangerschaftsabbruch – wider alle Vernunft – gleich wieder schwanger werden. Einer der möglichen Gründe dafür: Nach einer Schwangerschaft – egal, ob abgebrochen oder ausgetragen – ist die Fruchtbarkeit leicht erhöht. Aber auch seelische Ursachen spielen eine Rolle. Eine alte Hebammenweisheit sagt: Schwanger wird eine Frau nur, wenn sie es will. Auch hinter einer ungewollten Schwangerschaft steckt also ein Kinderwunsch. Und der ist mit einem Abbruch nicht aus der Welt geschafft. Daher Vorsicht! Eine Abtreibung solltest Du als Aufforderung begreifen, noch sorgfältiger zu verhüten. Dazu gehört Gewissenserforschung: Warum bin ich schwanger geworden? Wo und wann war ich nachlässig?

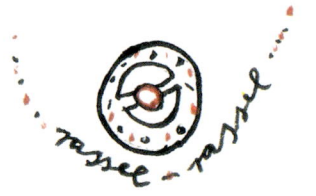

dann solltest Du Dich auf Schwierigkeiten und Krisenmomente einstellen.

Geld: Du bist eine große finanzielle Verpflichtung eingegangen, noch ehe Du überhaupt Geld verdienst. Deine Eltern erwarten wahrscheinlich von Dir, daß Du sobald wie möglich selber für Dein Kind sorgst. In einem Alter, in dem andere junge Menschen gerade lernen, finanziell unabhängig zu werden, trägst Du bereits die Verantwortung für zwei Menschen. Unterhaltszahlungen des jungen Vaters sind gesetzlich vorgesehen. Wenn er noch kein Geld verdient, gibt ihm das Jugendamt auf Antrag ein Darlehen, das er erst tilgen muß, wenn er sich beruflich etabliert hat.

Einsamkeit: So schön es ist, ein Baby um sich zu haben – es ist kein ausreichender Gesprächspartner für Dich. Du brauchst den Kontakt zu Gleichaltrigen, aber Du wirst nicht mehr so selbstverständlich an ihrem Leben teilnehmen können wie zuvor, Dich oft ausgeschlossen fühlen, vielleicht sogar neidisch auf ihre Freiheit sein.

Abhängigkeit: Du bist in einem Alter, in dem Du Dich eigentlich von Deinen Eltern abnabeln sollst. Mit dem Baby bist Du verstärkt auf ihre Hilfe und ihre Unterstützung angewiesen, und das vielleicht noch für einige Jahre. Egal, wie großzügig und verständnisvoll Deine Eltern mit der Situation umgehen können – es wird Reibungspunkte geben.

Beziehungen: Nach konventioneller Ansicht ist es das beste, wenn zwei junge Eltern heiraten. Falls das in Deine Fall überhaupt in Frage kommt, solltest Du Dir einen solchen Schritt sehr gut überlegen. Ehen, die im Teenageralter geschlossen werden, sind – nach der Statistik – sehr wenig haltbar.

Das Kind bekommen und weggeben

Das ungewollte Baby zur Welt bringen und dann zur Adoption freigeben – das ist scheinbar die menschlichste und vernünftigste Lösung: Man hat nicht den Gewissenskonflikt, ungeborenes Leben zu töten, und gerade in Deutschland warten zahllose Paare auf ein Adoptiv-Baby. Aber man sollte sich darüber klar sein: Diese Lösung ist – emotional gesehen – von allen die schwerste. Während der Schwangerschaft und der Geburt bekommt eine Frau eine immer tiefere Beziehung zum Kind. Der Verlust dieses Kindes kann unerträglich schmerzhaft sein und sie jahrelang verfolgen.
Fühlst Du Dich stark genug für diesen Weg: das Jugendamt informieren, ebenso später die Klinik, in der Du entbindest. Die Entscheidung ist frühestens acht Wochen nach der Geburt verbindlich.

AIDS: Wichtige Tips und Tatsachen

◆ *Das geht heute jede(n) an.* ◆ *So bist Du am besten geschützt vor AIDS und anderen Geschlechtskrankheiten.*

AIDS ist schon lange keine Krankheit mehr, die nur Homosexuelle, Drogenabhängige oder andere Randgruppen bedroht. Und es stimmt auch schon lange nicht mehr, daß vorwiegend Männer sich anstecken, Frauen sind ebenso gefährdet.

Die Gefahren durch AIDS

Sobald Du sexuelle Kontakte hast, solltest Du folgende Tatsachen kennen:

Eine Ansteckung mit dem HIV-Virus kommt einem Todesurteil gleich. Bisher gibt es kein Mittel, um AIDS zu heilen. Wird die Infektion jedoch nicht verschleppt, sondern früh erkannt, kann man versuchen, den Ausbruch der Krankheit oder die Folgekrankheiten hinauszuzögern.

Teenager sind nicht sicher vor einer Ansteckung! Die Vorstellung, Jugendliche hätten nur mit ihresgleichen sexuelle Beziehungen – also in einer Gruppe von Nichtinfizierten –, ist eine Illusion! Unter Jugendlichen ist die Ansteckungsgefahr womöglich besonders groß: Sie haben oft verschiedene Partner, und sie neigen dazu, die Risiken leichtfertig zu unterschätzen.

Schmusen und Küssen sind (wahrscheinlich) nicht gefährlich. Der HIV-Virus wird über Körperflüssigkeiten weitergegeben. Also enthalten bei einem AIDS-Kranken zwar auch Schweiß, Tränen und Speichel die gefährlichen Erreger. Dennoch sieht es nach den bisherigen Erfahrungen so aus, daß beim Mann nur das Sperma und bei der Frau nur die Vaginalflüssigkeit so viele Viren enthalten, daß es zu einer Ansteckung kommt.

Alle Formen von sexuellem Kontakt sind ansteckend: Hochgefährlich sind sexuelle Praktiken, bei denen das infizierte Sperma direkt in Kontakt mit Blut kommt. Diese Gefahr besteht vor allem beim Analverkehr (der Penis wird in den After eingeführt), weil dabei häufig kleine Gewebsverletzungen entstehen. Und sie ist besonders groß bei der sogenannten Fellatio (der Penis wird von der Partnerin in den Mund genommen), weil Mundbereich und Zahnfleisch sehr oft unbemerkt winzige Wunden aufweisen.

Wie schützen Frauen sich vor AIDS?

Zu Beginn einer Beziehung und bei allen flüchtigen Kontakten: kein Sex ohne Kondom! Grundsätzlich nur beschichtete Kondome verwenden (am besten selbst eine Packung davon parat haben), sie schützen besser, weil die in der Schicht enthaltenen spermiziden Substanzen (wahrscheinlich) auch gegen HIV-Viren wirken. Wie für die Empfängnisverhütung gilt auch hier: Doppelter Schutz ist immer sicherer. Den können Frauenkondome bieten, oder spermizide Cremes, Gels oder Zäpfchen in der Vagina.

Sorgfältige Partnerwahl schützt: Du solltest Dir klarmachen, welche Männer am ehesten AIDS haben könnten (vielleicht, ohne es selber zu wissen). Das sind: Männer, die den Ruf haben, „es mit jeder zu tun" (oft stimmt das nicht, aber sicher weißt Du

es nicht); Männer, von denen gemunkelt wird, auch homosexuelle Kontakte zu haben (sie sind die größte Gefahrenquelle für Frauen!); Männer, die aus besonders gefährdeten Gebieten stammen, oder dort gelebt haben (New York, Kalifornien, Schwarzafrika); Drogenabhängige und Männer, die vor 1985 Bluttransfusionen bekommen haben.

Sex am besten nur in einer festen Beziehung oder (geschützt!) in einer, die es zu werden verspricht: Das ist nicht die Moral von gestern, sondern die von morgen!

Sex ohne Kondom *nur* in einer streng monogamen Beziehung, die sich als solche schon bewährt hat (Beteuerungen allein reichen noch nicht). Falls der Partner schon vorher viele sexuelle Kontakte mit verschiedenen Frauen hatte, zur Sicherheit nur nach einem vorherigen AIDS-Test.

Wie bist Du sicher vor anderen Geschlechtskrankheiten?

Wer sich wie oben beschrieben vor AIDS schützt, ist auch vor „klassischen Geschlechtskrankheiten" (Tripper vor allem) weitgehend sicher. Zusätzlich gilt: Auf Sex verzichten, wenn Du (oder der Partner) eines der folgenden Symptome hast: Brennen beim Wasserlassen, Juckreiz oder Ausschläge in oder auf den Sexualorganen, (bei Frauen: Schmerzen im Beckenbereich,) Ausfluß, Wunden oder Knoten auf Penis oder Vagina. Solche Symptome sind immer ein Grund, sich untersuchen zu lassen. Herkömmliche Geschlechtskrankheiten sind heilbar – aber sie gehen nicht von selber weg! Solange die Infektion nicht ausgeheilt ist, darfst Du keinen Sex haben.

Der AIDS-Test

Der Virus selbst ist im Organismus (bis jetzt) noch nicht nachweisbar – der sogenannte AIDS-Test macht nur die Antikörper sichtbar, die der Organismus als Reaktion auf den Virus bildet. Das Test-Ergebnis ist leider gar nicht selten positiv, auch wenn keine Infektion vorliegt. Daher wird der Test bei einem positiven Ergebnis grundsätzlich wiederholt. In vielen öffentlichen Beratungsstellen kann man sich kostenlos untersuchen lassen (Auskunft erteilen die Gesundheitsämter). Wichtig: Erst vier bis sechs Wochen nach einer möglichen Infektion haben sich genügend nachweisbare Antikörper gebildet.

Gewalt: Die dunkle Seite der Sexualität

◆ *Sexuelle Belästigung: Wo fängt das an?* ◆ *Gefährliche Situationen.* ◆ *Wie können junge Mädchen sich schützen?* ◆ *Tabu-Thema: Inzest.*

Es wäre schön, wenn in diesem Buch nur von sexuellen Freundschaften und von Liebe die Rede sein könnte. Aber die Wahrheit ist, daß Sexualität auch oft mit Gewalt, Angst und Mißbrauch verknüpft ist. Und junge Mädchen sind besonders gefährdet.

Wo sexuelle Belästigung beginnt

Jede Form ungewollter sexueller Aufmerksamkeit, die Dir entgegengebracht wird, ist Belästigung - Bemerkungen, Blicke, Berührungen ebenso wie offen ausgesprochene Angebote. Das gilt auch, wenn die Bemerkung in ein Kompliment, in eine Schmeichelei verpackt ist, die Berührung leicht und fast zufällig stattfindet, oder wenn ein Mann irgend etwas Anstößiges in Deiner Gegenwart tut, ohne Dich dabei direkt anzuschauen oder anzusprechen. Typische Beispiele für sexuelle Belästigung, wie sie jungen Mädchen sehr häufig passieren:

TRAU DEINEN GEFÜHLEN

• Dein Sitznachbar im Bus oder Zug öffnet demonstrativ eine Pornozeitschrift;

• der Nachbarjunge macht Bemerkungen über Deinen wachsenden Busen;

• ein Lehrer kommt Dir (zum Beispiel beim Klavier- oder Tennisunterricht) auffällig nahe, berührt Dich flüchtig und scheinbar ganz unabsichtlich;

• der Vater Deiner Freundin tätschelt Deinen Po, ein Onkel läßt „im Scherz" den Gummi an Deinem Büstenhalter schnappen;

• der Arzt legt bei einer Untersuchung oder Behandlung die Hand auf Deine Schenkel oder berührt Deine Brüste;

• ein Onkel schiebt Dir beim Begrüßungskuß die Zunge in den Mund.

Das Problem dabei: Die Männer (und womöglich Frauen), die Dir auf diese Weise zu nahe treten, sind in der Regel älter und oft sogar Autoritätsfiguren (Arzt, Lehrer). Viele Mädchen fühlen sich dadurch eingeschüchtert und behalten die ganze Sache für sich. Was tun?

Trau Deinen Gefühlen. Manche dieser Attacken sind so beiläufig und indirekt, daß Du Dich hinterher fragst: Hab ich mich vielleicht getäuscht? Du kannst aber fast immer davon ausgehen, daß Deine Wahrnehmung stimmt.

Reagiere deutlich. Am besten durch ein klares entschiedenes „Das will ich nicht!" Fehlt Dir dazu der Mut, signalisiere auf andere Weise, daß Du nicht mitmachen möchtest - wende Dich energisch ab, geh demonstrativ auf Abstand.

Mach Dir keine Vorwürfe, wenn Du Dich – bei allem Ärger – auch irgendwie geschmeichelt fühlst. Solche Empfindungen sind normal. Aber nimm sie nicht zum Anlaß, um kokett zu reagieren. Das würde die Situation garantiert verschärfen.

Vermeide den Kontakt mit dem betreffenden Mann (der betreffenden Frau). Falls das nicht geht (Lehrer, Verwandter), informiere Deine Eltern. Be-

steh darauf, daß sie Dir glauben. Falls sie nicht reagieren wollen, zieh jemand anderen ins Vertrauen.

Nein sagen – Dein gutes Recht

Das ist eine der heikelsten Situationen, in die ein junges Mädchen kommen kann: Du bist verliebt, flirtest,
schmust – aber der Partner will mehr. Er beschimpft
Dich, macht Dich lächerlich, droht, Dich zu verlassen, wenn Du nicht mitmachst. Das Schlimme daran:
Deinem Freund ist wahrscheinlich gar nicht bewußt,
daß er sich damit bereits im Bereich der strafbaren
„sexuellen Nötigung" befindet. Die meisten Männer
sind insgeheim davon überzeugt, daß ein Mädchen,
das nein sagt, nicht wirklich nein meint, sondern er-
obert werden will. Eine neue Untersuchung unter
amerikanischen Schülern und Studenten hat gezeigt:

Mehr als die Hälfte aller Jungen glaubte, in folgenden Situationen sei es ihr gutes Recht, ein bißchen Druck zu machen:

• Das Mädchen weigert sich, mit ihm zu schlafen, hat sich aber zuvor schon auf Petting eingelassen.
• Das Mädchen war in einer früheren Situation schon einmal bereit zum Sex.
• Das Mädchen hat teure Geschenke oder kostspielige Einladungen angenommen.
• Das Mädchen ist fest mit dem Jungen befreundet.

Was tun? Laß Dich auf keinen Fall einschüchtern. Zur sexuellen Freiheit gehört auch die Freiheit, nein zu sagen, egal, was vorher gelaufen ist. Stell klar, wo Deine Grenzen sind, ganz gleich wie Du Dich früher verhalten hast. Ein Mann, der droht, Dich deshalb zu verlassen, ist keine ernste Beziehung wert.

Schlimme Erfahrung: Zwang zum Sex

Mit dem Wort Vergewaltigung verbindet sich für die meisten von uns die Vorstellung, in einer dunklen Straße oder einem leeren Parkhaus von einem wildfremden Mann angefallen und zum Sex gezwungen zu werden. Diese Fälle gibt es natürlich. Aber in Wirklichkeit besteht für junge Mädchen mehr Gefahr, von Bekannten oder sogar Verwandten oder von ihrem Freund vergewaltigt zu werden. Die Dunkelziffer ist enorm hoch, weil Mädchen meist Stillschweigen bewahren, wenn der Täter ihnen nahesteht. War's der Freund, dann fällt es ihnen noch schwerer, das Erlebnis als eine „echte" Vergewaltigung zu betrachten. Psychologen sagen aber, daß die seelischen Konsequenzen besonders katastrophal sein können, wenn eine Frau von einem ihr vertrauten Menschen vergewaltigt wurde. Was also tun?

• Mach Dir klar: Vergewaltigung durch Deinen Freund oder einen Bekannten ist nicht weniger strafbar als die Tat eines Fremden.

• Entschuldige den Täter nicht. Etwa damit, daß Ihr Euch gut kennt und Du Dich vielleicht zu weit mit ihm eingelassen hattest.

Mach Dir keine Vorwürfe, wenn Du glaubst, Dich nicht genügend gewehrt zu haben. Vor allem bei sexuellen Attacken durch Fremde (ob bewaffnet oder nicht) kann zuviel Gegenwehr gefährlich sein, weil es den Täter auch noch zu anderer Gewalttätigkeit herausfordern könnte.

Sprich sofort mit Deinen Eltern über das, was passiert ist, auch wenn es sich um einen Freund der Familie handelt. Überlege mit ihnen, ob Ihr Anzeige erstatten wollt (wenn ja, sollte das möglichst sofort geschehen) und ob eine psychologische Kurztherapie für Dich sinnvoll ist, um den Schock zu verarbeiten.

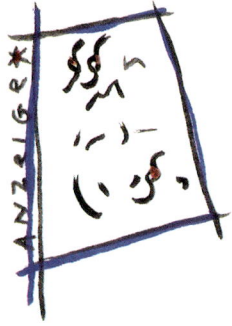

Ist es mit Deinem Freund passiert, kläre für Dich, wie schlimm, traumatisch oder verletzend die Erfahrung war (die Grenzen sind hier fließend), und ob Du die Beziehung abbrechen möchtest. Liebst Du Deinen Freund trotzdem noch, prüfe, ob er sich in einem Gespräch wirklich einsichtig zeigt und ermessen kann, was passiert ist. Überlege Dir, ob Du ihm noch einmal eine Chance geben willst. Ist Deine sexuelle Beziehung zu ihm gestört, geh zusammen mit ihm zu einer Partnerschaftsberatung (Adressen bekommt Ihr über die Kirchen, Pro Familia, Jugendamt, eventuell auch über die Ärztin oder eine Lehrerin).

Wenn Du überfallen wurdest, informiere sofort Deine Mutter oder eine Freundin und geh mit ihr ins nächste Krankenhaus zur Untersuchung. Das ist wichtig für Deine Gesundheit (auch als Vorsorge gegen eine mögliche Schwangerschaft) – aber auch, falls Du Anzeige erstatten wirst. In jeder Stadt gibt es einen Notruf für vergewaltigte Frauen (Telefonbuch!).

Bei einer Anzeige: Geh möglichst noch am gleichen Tag, in der gleichen Nacht (in Begleitung!) zur Polizei. Das macht die Sache glaubwürdiger, und Du erinnerst Dich an mehr Details als Tage oder Wochen später.

Tabu-Thema: Inzest

Als Inzest bezeichnet man sexuelle Kontakte zwischen den Angehörigen einer Familie, also zwischen Geschwistern und (Groß-)Eltern und ihren Kindern. Aber auch Beziehungen zwischen nicht blutsverwandten Familienmitgliedern fallen darunter – also sexuelle Kontakte zwischen Stiefeltern und Stiefkindern (kommt besonders häufig vor!). Inzest ist strafbar und bei fast allen Völkern der Erde streng verboten. Einer der Gründe dafür ist die erwiesene Tatsache, daß Kinder aus solchen Beziehungen häufiger körperliche und geistige Schäden haben als andere. Inzest hat katastrophale Folgen für die Psyche und die sexuelle Entwicklung des mißbrauchten Kindes. Am häufigsten sind sexueller Mißbrauch von Töchtern durch ihren (Stief-)Vater und Mißbrauch eines Mädchens durch ältere Brüder. (Nicht zu verwechseln mit den harmlosen sexuellen Doktorspielen von Geschwistern im Vorschulalter.) Besonders schlimm beim Inzest: Fast immer wird er von den anderen Familienmitgliedern geahnt und stillschweigend tole-

Für Deinen ganz persönlichen Schutz

◆ Vermeide es, Dich von Jungen, die Du gerade erst kennengelernt hast, alleine nach einer Party nach Hause fahren zu lassen.

◆ Meide auf Partys Jungen, die zuviel getrunken haben. Geh nachts niemals allein, sondern immer in einer Gruppe von mehreren Jugendlichen auf die Straße, in die U-Bahn usw.

◆ Wirst Du überfallen, schrei so laut Du kannst. In vielen Fällen treibt das den Täter in die Flucht. Aber Vorsicht: Schreien solltest Du nicht in menschenleeren Gegenden, wo Dich sowieso niemand hören kann – das macht den Täter unnötig aggressiv.

◆ Auf den Täter einschlagen solltest Du nur, wenn Du Erfahrung mit Selbstverteidigung hast. Schutzmittel wie Tränengasspray oder Waffen (Messer) solltest Du nur einsetzen, wenn Du im Umgang damit geübt bist – sonst kann der Mann sie gegen Dich verwenden.

riert – aus Sorge, das Familiengefüge würde sonst auseinanderbrechen. So verschließen Mütter oft ihre Augen vor der Tatsache, daß der Mann die Tochter (gar nicht selten mehrere Töchter!) mißbraucht, weil sie eine Trennung oder Scheidung befürchten, oder aus Angst davor, daß die „Schande" in der Nachbarschaft bekannt wird.

Was tun? Sprich mit Deiner Mutter darüber. Wenn sie Dir keinen Glauben schenkt, such Dir eine andere Vertrauensperson – vielleicht die Eltern einer guten Freundin. Oder Du wendest Dich an den Kinderschutzbund bzw. erkundigst Dich bei der Organisation „Wildwasser" (Adresse Seite 191) nach einer Anlaufstelle in Deiner Nähe. Angst und Schuldgefühle, Deine Eltern zu verraten, sind jetzt natürlich, aber kein Grund zu schweigen. Und wenn Du Dich für Deine Familie schämst: Mach Dir klar, daß Du nicht allein auf der Welt bist mit diesem Problem. Es gibt unglaublich viele solcher Fälle, auch wenn sie oft nicht bekannt werden. Wenn Du schweigst, ist Deine Situation schlimmer als alles andere, was Dir passieren kann – etwa die Unterbringung in einem Heim, einem Internat oder bei Verwandten. Du brauchst sobald wie möglich therapeutische Hilfe, auch wenn Du Dich scheinbar ganz gut mit der Situation arrangiert hast. Hilfreich sind Gespräche mit Mädchen und Frauen, die Ähnliches erlebt haben.

Wichtig: Wenn Du nicht selber betroffen bist, aber das Gefühl hast, eine Klassenkameradin oder Deine Freundin sei ein Inzest-Opfer, versuche, mit ihr darüber zu sprechen. Biete ihr an, sie zu einer Vertrauensperson (vielleicht zu einer Lehrerin oder zu Deiner Mutter) zu begleiten.

IV. ELTERN,
GESCHWISTER,
FREUNDE

Eltern: Der richtige Ton, der neue Umgang

◆ *Die Pubertät – mit den Augen der Elter gesehen.*
◆ *Typische Konflikte und Auswege.* ◆ *Von zu Hause ausziehen –
ein Traumziel?* ◆ *Die Rechte und die Pflichten.*

Jahrelang haben Deine Eltern auf Dich geachtet, sich um Dich gekümmert, Dir Dinge beigebracht. Du spieltest in vielerlei Hinsicht die Hauptrolle in ihrem Leben – und umgekehrt waren sie für Dich die wichtigsten Menschen auf der Welt. Aber immer deutlicher erlebst Du jetzt, wie Deine Welt größer wird und Deine Freunde Dir allmählich ebensoviel bedeuten wie Deine Familie. Das hat große Folgen für Euer Zusammenleben und kann zu Reibereien, Schuldgefühlen und Unsicherheiten führen. Bei Dir und bei Deinen Eltern.

Auf beiden Seiten gemischte Gefühle

Natürlich genießen es Deine Eltern zu sehen, wie Du selbständiger wirst, denn das gibt auch ihnen wieder mehr Unabhängigkeit, die Freiheit, zu kommen und zu gehen, wann sie wollen. Gleichzeitig macht ihnen Dein Erwachsenwerden auch Angst. Sie wissen nicht, wie weit sie Dich jetzt schon loslassen müssen oder dürfen – wo Du Dir schadest und womöglich falsche Entscheidungen triffst. Sie finden es schön, daß Du einen eigenen Freundeskreis hast und Deinen Horizont erweiterst – aber oft fühlen sie sich vielleicht auch ein bißchen im Stich gelassen. Sie müssen damit zurechtkommen, Dir allmählich weniger wichtig zu sein als noch vor wenigen Monaten. Sie freuen sich über Deine Jugend, die vielen Möglichkeiten, die Dir jetzt offenstehen – und sind doch auch insgeheim manchmal ein bißchen traurig oder sogar neidisch, weil ihnen klar wird, daß sie selber älter und ihre Chancen geringer werden. Auch in Dir herrscht jetzt manchmal Gefühlsverwirrung: Du möchtest eigene Wege gehen, eigene Dinge tun, eigene Entscheidungen treffen, und hast gleichzeitig Angst davor, den Halt und die Geborgenheit in der Familie zu verlieren. Du willst, daß Deine Eltern Dir möglichst viel Freiraum lassen – aber in vielen Situationen, in denen sie das tun, wirkt es dann auf Dich womöglich wie Mangel an Liebe.

Diese widersprüchlichen Gefühle auf beiden Seiten sind weder gut noch schlecht – sie sind einfach ein natürlicher Teil der Veränderungen, die jetzt in Eurer Beziehung stattfinden. Es kann einige Jahre dauern, bis Ihr den neuen Ton miteinander wirklich trefft und zu einer anderen, reiferen Partnerschaft gefunden habt. Wichtig ist, daß Du zuerst einmal Deinen eigenen Gefühlen traust – und erst dann versuchst, die Gefühle Deiner Eltern zu verstehen.

Konflikte und Lösungsmöglichkeiten

Die meisten alltäglichen Konflikte zwischen Dir und Deinen Eltern werden jetzt um das Thema Freiheit contra Autorität kreisen. Ist ein Problem für beide Seiten zufriedenstellend gelöst, taucht mit ziemlicher Sicherheit die nächste strittige Frage auf. Deine Eltern müssen immer wieder neu lernen, wie weit sie Dir schon vertrauen können. Und Du mußt ihnen im-

Zwei Typen von Eltern

♦ DIE ÜBERBEHÜTENDEN ELTERN: Sie haben große Mühe, Dich freizugeben und einen eigenständigen Menschen in Dir zu sehen. Gemessen an Deinen Freunden hast Du weniger Freiheiten. Du verspürst häufig Lust, zu rebellieren oder Dich zu isolieren. TIP: Überbehütende Eltern fühlen sich oft vernachlässigt. Es hilft, sie FREIWILLIG mehr einzubeziehen – dann können sie besser loslassen.

♦ DIE ALLZU FREIEN ELTERN: Sie überschätzen Deine Selbständigkeit, leben ihr eigenes Leben. Gemessen an Deinen Freunden genießt Du sehr viel mehr Freiheiten. Du fühlst Dich oft alleingelassen, ausgeschlossen, sehnst Dich „nach früher". TIP: Hinter dem Verhalten solcher Eltern stecken oft Mißverständnisse. Sag ihnen möglichst genau, in welchen Punkten Du mehr Anleitung haben möchtest.

Deine Rechte unter 18

Auch wenn Gerichte wirklich die allerletzte Instanz sind, um häusliche Konflikte zu regeln, kann es Dir für Gespräche mit Deinen Eltern helfen, Deine Rechte zu kennen:

◆ FREUNDE: Den Umgang mit bestimmten Personen dürfen Deine Eltern Dir nur aus nachweisbaren triftigen Gründen (z.B. Drogen) untersagen.

◆ SEX: Ab 16 Jahren gibt es keinerlei gesetzliche Einschränkungen für die sexuellen Beziehungen von Jugendlichen.

◆ INTIMSPHÄRE: Tagebücher, Telefonate, Briefe sind für Eltern tabu – außer, es bestehen berechtigte Gründe, eine Gefährdung anzunehmen (z.B. kriminelle Kontakte).

◆ AUSGEHEN: Aufgrund ihrer Aufsichtspflicht sind Eltern berechtigt zu bestimmen, wie lange ihre Kinder (unter 18) abends weg sein dürfen.

◆ ÄRZTLICHE BEHANDLUNGEN UND EINGRIFFE (Abtreibung): Bei Konflikten zwischen Eltern und Kind kann ein Arzt oder ein Gutachter die sogenannte Einwilligungsreife feststellen. In der Regel gilt ein(e) Jugendliche(r) ab 14 bedingt, ab 16 voll einwilligungsreif. Jeder Eingriff bedarf dann ihrer Einwilligung.

mer wieder neu beweisen, daß Du reife Ansichten hast und richtige Entscheidungen triffst. Hier sind typische Konflikte, die ausgefochten werden müssen:

• Ich will am Wochenende ausschlafen. – Du sollst den Tag nicht verschlafen, weil viel für die Schule oder im Haushalt getan werden muß.

• Ich möchte abends so lange lesen (fernsehen), wie ich will. – Du mußt rechtzeitig ins Bett, um morgens fit zu sein.

• Mein Zimmer geht niemanden etwas an. – Du mußt lernen, Ordnung zu halten.

• Meine Freunde sind meine Sache. – Paß auf, daß Du nicht in schlechte Gesellschaft kommst.

• Ich möchte abends lange ausgehen. – Du mußt um zehn (elf, zwölf) zu Hause sein.

• Meine Lunge gehört mir. – Unter meinem Dach wird nicht geraucht.

• Mit meinem Geld kann ich machen, was ich will. – Man muß lernen, mit Geld umzugehen.

• Ich habe ein Recht auf meine Freizeit. – Du hast Pflichten im Haushalt, bei Deinen jüngeren Geschwistern.

Für diese und ähnliche Konflikte mit Deinen Eltern können die folgenden Ratschläge von Familientherapeuten hilfreich sein:

Der erste Schritt: keine Regeln verletzen. Strittige Regeln sollten nicht gebrochen, sondern gemeinsam geändert werden – durch Gespräche. Sich einfach über den Willen der Eltern hinwegsetzen (zum Beispiel abends nicht zur vereinbarten Zeit nach Hause kommen), schafft unnötig Fronten und macht klärende Gespräche schwieriger. *Der zweite Schritt: Prioritäten setzen.* Wenn es mehrere strittige Punkte gleichzeitig gibt, versuche herauszufinden, welche Dich besonders belasten. Also wo Du auf jeden Fall mehr Freiraum haben möchtest – und wo Du Deinen Eltern ein Stück entgegenkommen kannst. Beispiel: Ich brauche unbedingt mehr Möglichkeiten, mich mit meinen Freunden zu treffen. Ich gehe zwar auch nicht gern in den Gottesdienst; aber wenn es meinen Eltern so wichtig ist, daß ich in die Kirche gehe, kann ich ihnen diesen Gefallen vorläufig tun. *Der dritte Schritt: ein Gespräch führen.* Das Wichtigste dabei ist der richtige Zeitpunkt. Er ist falsch, wenn die Eltern angespannt und nervös oder mit etwas anderem beschäftigt sind. Und er ist vor allem nicht richtig, wenn die Situation akut ist – etwa schon auf dem Weg zur Party noch schnell beim Weggehen die leidige Frage des Nachhausekommens klären zu wollen. Prinzipiell gilt: Gespräche dieser Art verlaufen besser, wenn Du Deine Argumente durchdacht und Dir auch Kompromißvorschläge überlegt hast.

Die eigene Wohnung – ein Traumziel?

Mit 15 hast Du vielleicht zum erstenmal ans Ausziehen gedacht, mit 18 könntest Du es theoretisch auch gegen den Willen der Eltern tun. Aber von zu Hause ausziehen – das ist immer ein Schritt, der gut überlegt werden muß. Hier sind ein paar Fragen, die Du Dir stellen kannst:

Was bedeutet das Ausziehen für meine Zukunft? Wenn es Deine Ausbildungschancen verschlechtern würde, ist es besser, zu Hause durchzuhalten. Wenn Du im Gegenteil (beispielsweise durch den Umzug in eine andere Stadt) sehr viel bessere Möglichkeiten hättest als zu Hause, lohnt sich die Überlegung.

◆ HEIRATEN ist erst ab 18 Jahren erlaubt, in bestimmten Fällen (bei Einwilligung der Eltern und des Vormundschaftsgerichts) auch, wenn nur einer der Partner volljährig ist, oder: wenn zwar beide unter 18 sind, das Mädchen aber schwanger ist.

◆ TASCHENGELD: Das in diesem Sinne von den Eltern gegebene Geld steht zur freien Verfügung. Mit diesen Mitteln abgeschlossene Käufe „in vertretbarer Höhe" sind gültig.

◆ LOHN: Wenn Jugendliche Geld verdienen, haben die Eltern prinzipiell das Recht, mitzuentscheiden, was damit geschehen soll („Vermögenssorge"), auch, ob etwas davon zu Hause abgeliefert werden soll.

◆ KIRCHE: Bereits ab 14 Jahren kann ein(e) Jugendliche(r) selber entscheiden, ob und welcher Religion sie/er angehören möchte. Auch zum Religionsunterricht kann man dann nicht mehr gezwungen werden.

Habe ich realistische Vorstellungen davon, was es heißt, alleine zu leben? Denn das bedeutet nicht nur, daß Du abends solange fernsehen kannst, wie Du willst. Das heißt zum Beispiel auch: Du mußt selber dafür sorgen, rechtzeitig in der Schule, am Arbeitsplatz zu erscheinen; Du mußt Rechnungen pünktlich bezahlen; Du bist auch in kritischen Momenten allein – zum Beispiel vor Prüfungen und bei Kummer mit Freunden.

Wie sieht der Finanzplan aus? Müssen Deine Eltern Dein neues Leben voll finanzieren (sicher eine Belastung für sie) oder kannst Du Geld dazuverdienen? Wieviel Geld würdest Du brauchen? Diese Fragen sind wichtig, auch wenn Du eine Wohngemeinschaft ins Auge faßt, in der die Lebenshaltungskosten geringer sind als in einem eigenen Appartement.

Wie stehen Deine Eltern zu Deinem Auszug? Sind sie bereit, den Versuch zu unterstützen oder sperren sie sich? Kannst Du erkennen, was hinter ihrer Opposition steht: Haben sie handfeste Argumente oder können sie Dich nicht gut gehen lassen – zum Beispiel, weil Du das jüngste oder einzige Kind bist?

Eltern im Clinch: Streit und Scheidung

◆ *Was tun, wenn die Eltern streiten?* ◆ *Wie den Schock überleben, wenn die Eltern sich scheiden lassen?* ◆ *Getrennte Familien – wie geht das Leben weiter?* ◆ *Neue Partner – neue Eltern?*

Zwist und Streit zwischen Mutter und Vater ist zwar auch in Deinem Alter noch alles andere als angenehm – aber seelisch nicht mehr so belastend wie für ein kleines Kind. Du hast genug Lebenserfahrung, um zu wissen: Ohne Streit geht's im Leben nie. Und Streit bedeutet nicht automatisch, daß eine Ehe kaputt ist. Manche Paare machen auf dem Weg zu mehr Verständnis und Zuneigung Krisen durch, andere versuchen im Streit herauszufinden, ob sie zusammenbleiben wollen oder nicht. Viele Paare, die viel streiten, lieben sich sehr – andere, die so gut wie nie streiten, können sich stetig auseinander entwickeln und ihre Familie plötzlich mit Scheidungsabsichten überraschen.

Überlebensregel für Kinder: sich nicht verwickeln lassen

Früher haben die Eltern wahrscheinlich versucht, ihre Konflikte vor Dir zu verbergen. Streit fand hinter verschlossenen Türen statt, und es ging dabei um Dinge, in die Du nicht eingeweiht wurdest. Das ist jetzt vielleicht anders: Weil Du älter und verständiger bist, können Dich Mutter oder Vater nach Deiner

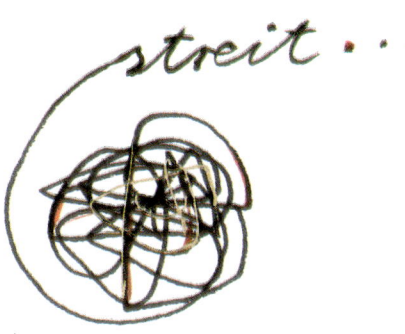

Meinung fragen, Dir von ihren intimen Problemen erzählen oder Dich von den Fehlern des anderen Elternteils überzeugen wollen. Da hilft nur eines: Halte Dich raus! Laß Dich nicht verwickeln! Es ist fast unmöglich für Außenstehende – sogar für Dich – zu beurteilen, was wirklich zwischen Deinen Eltern vorgeht. Wenn Du Dich einmischst, kannst Du die Dinge vielleicht sogar unbeabsichtigt verschlimmern und eine Krise auslösen. Manche Eheleute wissen zum Beispiel, daß ihr Partner nicht treu ist, entscheiden sich aber aus persönlichen Gründen dafür, das zu ignorieren. Vielleicht schweigen sie, um das Gesicht zu wahren oder weil sie wissen, daß die Affäre bald zu Ende sein wird. Wenn Du in einer so brenzligen Situation „helfen" möchtest, wird oft alles noch viel schlimmer. Sprich mit Deiner Mutter über Deine Gefühle und Ängste, aber ergreife nicht Partei. Versuchen Deine Eltern, Dich als „Schiedsrichter" einzubeziehen, mach ihnen klar, daß Du sie beide lieb hast und deshalb kein Urteil fällen willst.

Der schlimme Schock, wenn Eltern sich trennen

Die statistische Wahrscheinlichkeit, daß es auch bei Euch passiert, ist ziemlich hoch: Jede vierte Ehe in Deutschland wird geschieden, und die meisten Eltern entschließen sich leichter zu diesem Schritt, wenn ihre Kinder schon erwachsen werden. Eine Scheidung ist heute längst kein Skandal mehr, sondern eher alltäglich, und Du hast vielleicht schon bei Freundinnen miterlebt, wie es ist, wenn Eltern sich trennen. Trotzdem ist es immer schwer auszuhalten, wenn zwei Menschen auseinandergehen. Und schwer zu er-

Wenn es zu Hause hoch hergeht

◆ Erkläre Deinen Eltern in einer Kampfpause, wie sehr Dich ihr Dauerstreit deprimiert. Schlag ihnen vor, es mal mit einer Eheberatung zu versuchen.

◆ Hab keine Scheu, Deiner Freundin, Deinem Freund davon zu erzählen. Elternstreit ist nichts, wofür man sich schämen müßte.

◆ Wenn es Dir zuviel ist, geh eine Zeitlang nachmittags, am frühen Abend oder am Wochenden zu friedlicheren Plätzen – zu einer Freundin, zu Verwandten. Organisiere Dein Leben an anderen Orten – und gib Deinen Eltern so die Möglichkeit, jetzt ihre Krise zu leben.

◆ Versuche, Dich an Deine Streitereien mit Geschwistern oder Freundinnen zu erinnern. Vielleicht hilft Dir das zu verstehen, daß auch Deine Eltern ihre Konflikte ausfechten müssen.

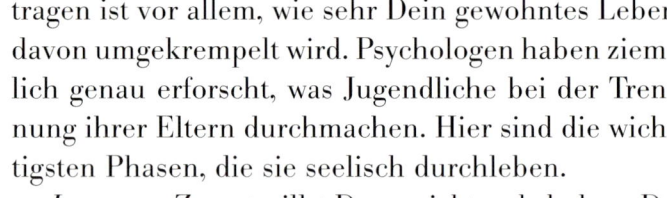

tragen ist vor allem, wie sehr Dein gewohntes Leben davon umgekrempelt wird. Psychologen haben ziemlich genau erforscht, was Jugendliche bei der Trennung ihrer Eltern durchmachen. Hier sind die wichtigsten Phasen, die sie seelisch durchleben.

Leugnen: Zuerst willst Du es nicht wahrhaben. Du denkst, daß alles wieder gut wird. Du überlegst Dir, was Du tun kannst, um Deine Eltern wieder zusammenzubringen.

Wut: Sobald Du siehst, daß Du nichts gegen die Trennung tun kannst, kommt Dein Zorn hoch. Er kann sich in verschiedene Gefühle kleiden: Du fühlst Dich reingelegt („Sie haben doch gesagt, daß sie sich lieben"); Du wirfst ihnen vor, daß sie sich nicht genügend bemühen, ihre Konflikte zu lösen; Du fühlst Dich ungeliebt und unwichtig („Warum bleiben sie nicht mir zuliebe zusammen?"), Du schwörst Rache („Ich werde mich von ihnen zurückziehen").

Lautstarker Protest: Wenn Deine Wut etwas nachläßt, fängst Du an, Dich zu grämen – über die Veränderungen, die Dir jetzt bevorstehen, die Gewohnheiten, die Du jetzt aufgeben mußt. Gleichzeitig spürst Du aber auch Energie: Du stürzt Dich in Deine Freundschaften, Deine Hobbys. Und/oder: Du suchst Streit mit beiden Eltern oder mit dem Elternteil, der Euch verlassen hat. Wichtig: Diese Auseinandersetzungen sind für Dich notwendig, auch wenn Deine Eltern Dir vielleicht vorwerfen, ihnen die Situation unnötig zu erschweren. Trauer und Protest helfen Dir, Dich zu lösen, unabhängiger zu werden.

Depression: Das ist die vielleicht schmerzhafteste Phase. Du ziehst Dich vorübergehend zurück, bist sogar Deinen Freunden gegenüber mißtrauisch. Aber

genau diese stille Phase zeigt, daß Du dabei bist, die neue Situation zu akzeptieren. Du gewöhnst Dich an die Tatsache, daß Deine Eltern sich scheiden lassen oder bereits geschieden sind. Du erkennst, daß sie zwar aufgehört haben, sich zu lieben – aber daß dies nicht zwangsläufig bedeutet, daß Du von ihnen nicht mehr geliebt wirst.

Die hier beschriebenen Phasen können unterschiedlich lange dauern und sich auch vermischen. Aber egal, wieviel Zeit Du dafür brauchst: Am Ende dieses schmerzhaften Prozesses wirst Du zwar ein paar Narben zurückbehalten haben, aber auch erwachsener und reifer geworden sein.

Mit geschiedenen Eltern leben

In der *ersten Zeit danach* werden Deine Eltern vielleicht versuchen, Dich als Informationsquelle zu benutzen. Das funktioniert aber nur, wenn Du mitspielst: Du kannst solche verletzenden „Dienste" verweigern, indem Du beiden Eltern klipp und klar sagst, daß Du die Freiheit haben möchtest, mit jedem von ihnen zusammensein, ohne den einen auszuspionieren und vom anderen ausgefragt zu werden. Deine Eltern wollen Dir sicher nicht weh tun mit ihren Fragen, aber sie sind noch so in ihre eigenen Gefühle, ihre Bitterkeit verwickelt, daß sie nicht erkennen, wie unfair ein solches Verhalten ist. Du solltest ihnen sagen, wie Du Dich damit fühlst.

Nach einiger Zeit wird die Bitterkeit sich legen, Ihr werdet allmählich zu einem neuen Arrangement finden. Du erlebst vielleicht, daß es neue Partner gibt (siehe Seite 157), mit denen Du zurechtkommen mußt. Du hast vielleicht beiden Eltern halbwegs ver-

Töchter erzählen von der Scheidung:

◆ MARIANNE, 15: „Am schlimmsten war, daß meine Eltern keine Zeit hatten für mich und meine Gefühle. Meine Mutter hat immer geweint, da wollte ich sie nicht noch mehr belasten. Ich mußte alleine damit fertig werden."

◆ SEVERINE, 13: „Unser Vater ist zu seiner neuen Freundin gezogen. Zuerst war ich sicher, daß er auch mich und meine Schwester verlassen wollte. Aber jetzt weiß ich, daß er uns sehr vermißt."

◆ LISA, 14: „Wir waren drei in der Klasse, bei denen die Eltern sich zur gleichen Zeit scheiden ließen. Das hat geholfen, darüber zu sprechen. Und man stand nicht so allein da."

◆ BRIGITTE, 17: „Ich war zwölf, als es passierte, und habe darunter gelitten, daß ich es nicht geschafft hatte, die beiden zusammenzuhalten. Eine Psychologin hat mir sehr geholfen zu verstehen, daß es nicht mein Fehler war."

◆ MICHAELA, 16: „Ich bin duch die Scheidung meiner Eltern reifer, freier geworden, weil ich erkannt habe, daß sie ihr eigenes Leben haben. Vorher betrachtete ich sie nur als meine Eltern. Jetzt fühle ich mich unabhängiger von ihnen."

◆ EDWINA, 15: „ Ich habe nach der Scheidung meiner Eltern lange darüber nachgedacht, wie ich mal selber leben möchte. Sicher nicht so wie meine Mutter, die so früh geheiratet hat und nichts lernen konnte. Jetzt sitzt sie mit den drei Kindern da, in einem langweiligen, unterbezahlten Job."

ziehen, auch dem Partner, der gegangen ist. Als Tochter von geschiedenen Eltern hast Du vielleicht auch diese typischen Gefühlsprobleme:

Wenn Du mit dem verlassenen Elternteil zusammenlebst, egal ob Vater oder Mutter, kann es sein, daß Du aus Loyalität vermeidest auszugehen und Beziehungen zu knüpfen. Daß Du Dir auch nicht gönnst, was Deine Mutter (Dein Vater) jetzt nicht hat. Wenn Du solche Gefühle bei Dir entdeckst: Mach Dir immer wieder klar, daß Du Dein Leben leben mußt und Deine eigenen Probleme zu lösen hast. Du bist nicht böse oder undankbar, wenn Du jetzt Spaß hast. Im Gegenteil: Das tut Deiner Mutter (Deinem Vater) eher gut. Und es verhindert, daß Du unterschwellige Aggressionen entwickelst.

Wenn Dein Vater Euch verlassen hat, wirst Du zwangläufig anfangen, über Männer nachzudenken. Versuche herauszufinden, ob Du vielleicht, ohne es recht zu merken, neben Deinen Träumen von Liebe und Romantik nun das Gefühl hast, Männern könne man nicht trauen, für Dich werde es Glück mit einem Mann nicht geben. Vielleicht kannst Du mit Deinem Vater darüber reden? Wenn nicht, denke daran, daß Dein Vater nicht die gesamte Männerwelt repräsentiert!

Wichtig: Wenn Dein Vater schon vor langer Zeit gegangen ist und Du kaum Kontakt zu ihm hattest, ist es gut möglich, daß Du jetzt mehr als früher das Bedürfnis hast, ihm näherzukommen: Du willst herausfinden, ob das Bild, das Du von ihm hast, stimmt, oder ob es zu sehr von den Gefühlen Deiner Mutter geprägt ist. Wenn ein Dialog mit dem Vater möglich ist, kann Dir das helfen, seine damalige Entscheidung

Deine Rechte bei der Scheidung

♦ Bei der Frage, wer von den Eltern das Sorgerecht bekommt und wo das Kind leben wird, haben Jugendliche ab 14 Jahren eine Mitbestimmungsmöglichkeit – Familienrichter berücksichtigen bei der Entscheidung ihren Wunsch.

♦ Im Gegensatz zu früher können Jugendliche ab 14 nicht mehr gezwungen werden, gegen ihren Willen den getrennt lebenden Elternteil regelmäßig zu besuchen.

besser zu verstehen. Und wahrscheinlich wird Dein Bild von ihm zurechtgerückt: Er ist vermutlich weder ein Ungeheuer, noch ein Supermann – sondern ein ganz normaler Mensch. Aber Vorsicht: Wenn Du nach langen Jahren einen Schritt auf ihn zugehst, nimmst Du auch ein emotionales Risiko auf Dich. Es kann sein, daß Du auf Ablehnung und Fremdheit stößt, ähnlich wie adoptierte Kinder, die irgendwann nach ihren biologischen Eltern suchen.

Neue Partner – neue Eltern?

Früher oder später wird es passieren, daß ein Elternteil – oder auch beide Eltern – neue Partner haben. Das bringt eine Menge Veränderungen in Dein Gefühlsleben, vor allem, wenn „der/die Neue" selber Kinder hat, mit denen Du jetzt zwangsläufig viel zu tun haben wirst. Für Jugendliche ist diese Situation meist sehr viel leichter zu bewältigen als für jüngere Kinder, die sich durch eine Stieffamilie sehr bedroht fühlen können. Hier sind ein paar Ratschläge von Familienpsychologen, die Dich zusätzlich unterstützen können:

• Überlege mal, ob Du irgendwo im Hinterkopf noch die von den Kindermärchen geprägte Vorstellung hast, Stiefväter oder -mütter seien zwangsläufig gemein und böse. Oder ob Du ganz im Gegenteil von dem neuen Partner Qualitäten erwartest, die kein Mensch haben kann.

• Versuche, Verständnis dafür zu haben, daß die Situation von allen Anpassung und Umdenken erfordert: Genauso wie der neue Partner Deiner Mutter (die neue Partnerin Deines Vaters) sich jetzt vielleicht um Dich bemüht, versuchen Deine Eltern wahrscheinlich, Kontakt zu den „neuen Kindern" zu gewinnen. Das heißt nicht, daß sie Dich weniger lieben.

• Erwarte nicht von Dir, daß Du den oder die neuen Partner liebst (auch Deine Eltern dürfen das nicht von Dir verlangen). Aber Du kannst lernen, sie zu tolerieren und immer mehr zu respektieren.

• Erlaube den neuen Partnern, ihre Meinung zu äußern – auch in Angelegenheiten, die Dich betreffen, ohne das gleich als Einmischung zu empfinden.

• Gib Euch Zeit: Nach Erfahrung von Familienpsychologen dauert es zwei bis drei Jahre, ehe sich die Situation mit neuen Partnern für alle Seiten stabilisiert hat.

Geschwister: Freunde und Feinde

◆ *Neues Umgehen mit „alten" Konflikten.* ◆ *Konkurrenz zu Hause – eine Schule fürs Leben.* ◆ *Deine Stellung in der Geschwisterreihe.*

Die Rivalität unter Geschwistern gehört zum Familienalltag: Geschwister (müssen) kämpfen um die Aufmerksamkeit der Eltern, ihren persönlichen Freiraum und darum, eine eigenständige Persönlichkeit zu werden. Es ist sehr gut möglich, daß Eure altbekannten Geschwister-Kämpfe in der Pubertät neu aufflammen und eskalieren, auch wenn alle Welt von Dir und Deinen Geschwistern zu erwarten scheint, daß Ihr endlich friedlicher werdet. Denn jetzt werden Eure Bedürfnisse nach Freiraum und Unabhängigkeit größer. Aber: Während Ihr in früheren Jahren Eure Konflikte oft nur mit Hilfe der Eltern oder mit Handgreiflichkeiten und Geschrei lösen konntet, stehen Euch jetzt allmählich „erwachsenere Techniken" zur Verfügung: Gespräche, Verständnis, die Suche nach Kompromissen. Vor diesem Hintergrund sind Eure Kämpfe gute Übungsmöglichkeiten für spätere Konkurrenz- und Konfliktsituationen. Du lernst, wie man verhandelt und kooperiert, Du lernst, Deinen eigenen Standpunkt zu verteidigen – und den der anderen zu respektieren.

Typische Konflikte und neue Lösungen

Wenn Du Geschwister hast, die Dir *ständig auf die Nerven gehen* oder *Dich herumkommandieren*: Versuch mal, Dich ohne wüste Beschimpfungen und

Der Platz in der Geschwisterreihe

◆ DIE ÄLTESTE hat in den ersten Jahren die Aufmerksamkeit der Eltern ganz für sich gehabt. Um ihre Geburt, ihre ersten Leistungen wurde viel Aufhebens gemacht – weshalb sie sich vielleicht besonders rasch entwickelt und in der Schule „besser" ist als die nachfolgenden Kinder. Sie wurde aber auch mehr behütet, mehr beobachtet und ist deshalb ängstlicher, anspruchsvoller und oft ein wenig herrschsüchtig.

◆ DIE MITTLERE fühlt sich leicht zu wenig beachtet (außer, sie ist die einzige Tochter unter Brüdern). Aber sie ist meist besonders gewandt, kompromißfähig, findet leicht Freunde und hat wenig Probleme mit Autorität.

◆ DIE JÜNGSTE wird vielleicht gehätschelt und bewundert – weshalb sie besonders kreativ sein kann und meist ein sonniges Gemüt hat. Andererseits: Bei einer sehr großen Familie werden die Jüngsten oft kaum noch beachtet – sie „laufen einfach so mit" und fühlen sich dann unzulänglich, weil alle anderen größer sind und alles besser können.

Türenknallen abzugrenzen. Mischt sich eine ältere Schwester in Deine Angelegenheiten ein, sage zum Beispiel in aller Ruhe: „Ich muß jetzt lernen, meine eigenen Entscheidungen zu treffen". Bist Du auf einen Bruder oder eine Schwester neidisch, verbirg dieses Gefühl nicht mehr hinter Sticheleien, sondern sprich einmal die Wahrheit aus. Vielleicht wirst Du überrascht feststellen, daß Deine Geschwister ihrerseits Dich beneiden, wegen Stärken und Vorteilen, von denen Du gar nicht wußtest, daß Du sie hast!

Wenn Deine Eltern *Dich anders behandeln* als die anderen: Folgere nicht stillschweigend daraus, daß Du wertlos und ungeliebt bist. Eltern behandeln ihre Kinder aus vielen Gründen unterschiedlich, die meisten davon haben nichts mit einem Mangel an Liebe zu tun. Vieles kann sich klären, wenn Du mit Deinen Eltern darüber sprichst. Aber geh nicht mit einem zornigen Vorwurf auf sie zu, sie würden sich wahrscheinlich nur ebenso zornig verteidigen. Stattdessen erzähle von Deinen Gefühlen, am besten in Sätzen, die mit „Ich" beginnen. Wenn Eltern einen kleineren Bruder ständig „süß" finden, wissen sie oft gar nicht, was das bei den älteren Geschwistern auslöst. Und dann ist es gut, wenn sie daran erinnert werden, daß auch Du noch ihre Ermutigung und ihr Lob brauchst.

Wenn Du *eine kleine Schwester, einen Bruder hast, auf die Du aufpassen sollst*: Das ist eine besonders harte Prüfung! Aber auch hier hilft ein neutrales Gespräch mit den Eltern. Überleg Dir vorher, wieviel Zeit Du tatsächlich fürs Babysitting aufbringen kannst. Je konkreter Deine Vorschläge sind, desto besser können die Eltern darauf eingehen.

Wer ist die Beste?

Vergleiche mit den Geschwistern sind immer ungerecht, egal, ob Deine Eltern sie anstellen oder Du selber. Denn sie enden immer damit, daß Du Dich schlechter fühlst. Statt darüber nachzudenken, was Deine Schwester besser kann als Du – versuche herauszufinden, was Deine Stärken sind. Denk daran, daß anders sein nicht heißt, weniger gut zu sein. Wenn Eure Eltern Euch quasi mit Etiketten versehen haben (die „Schöne", die „Kluge" usw.), klärt untereinander , wie Ihr das empfindet und sprecht Eure Eltern darauf an. Über Gefühle zu sprechen, kann sehr viel verändern!

161

Die beste Freundin: Ein Bund fürs Leben?

◆ *Warum sie Dir jetzt soviel bedeutet.* ◆ *Was tun, wenn es Streit gibt?* ◆ *Wie Du Deiner Freundin in einer Krise helfen kannst.*

Alle Deine Beziehungen verändern sich jetzt, auch Deine Freundschaften mit anderen Mädchen. Ihre Bedeutung für Dein Leben wächst, vielleicht werden sie sogar wichtiger als Eltern und Geschwister. Du verbringst viel Zeit mit ihnen, suchst ihre Nähe, und wahrscheinlich gibt es ein Mädchen, dem Du jetzt mehr über Dich erzählst als allen anderen Menschen auf der Welt.

Die ganz besondere Beziehung zur besten Freundin

Egal, ob Ihr Euch schon im Kindergarten oder erst kürzlich füreinander entschieden habt – die Freundin, die Dich durch die Pubertätsjahre begleitet, hat gute Chancen, eine Freundin fürs Leben zu werden. Ihre besondere Rolle kommt auch daher, daß Du sie (im Gegensatz zu Deinen Geschwistern und Verwandten) ausgesucht, gewählt hast. Du erlebst, daß es neben der Bluts- so etwas wie Seelenverwandtschaft zwischen Menschen gibt. In vielen Punkten fühlst Du Dich von dieser Freundin besser verstanden als von Deiner Familie: Sie versucht nicht, Dich zu verändern, zu erziehen, und Ihr sprecht die gleiche Sprache. Weitere wichtige Elemente, die Euch verbinden: Ihr traut Euch, zu zweit Dinge zu unternehmen (vielleicht die erste Ferienreise ohne die Fa-

milie), die Du alleine nicht machen würdest; Ihr könnt zusammen auf Eltern, Lehrer, Männer und die ganze Welt schimpfen; Ihr gebt Euch gegenseitig die Bestätigung, die Euch die Familie nicht gibt – zum Beispiel, daß Ihr schön, frech und toll seid. Und Ihr könnt zusammen verrückte Zukunftspläne schmieden, ohne daß Euch jemand sagt, daß Ihr spinnt.

Wichtig: Mach Dir klar, wie wertvoll diese Freundschaft ist. Viele Mädchen verweisen die beste Freundin automatisch auf den zweiten Platz, sobald sie einen männlichen Freund haben. So, als ob Männer im Leben von Frauen immer die wichtigsten Personen wären. Voraussichtlich ist es aber so, daß Deine ersten erotischen Freundschaften flüchtiger sind als die Beziehung zu Deiner Freundin. Es ist also wichtig, daß Du sie auch in Zeiten großer Verliebtheit nicht vernachlässigst.

Tip: Legt zusammen ein Fotoalbum von Eurer gemeinsamen Zeit an, oder dreht einen Videofilm mit Euch beiden als Hauptdarstellerinnen. Das ist nicht nur ein lustiges Andenken für später, Ihr erfahrt dabei auch viel über Eure Beziehung.

Streit mit der besten Freundin

Er gehört einfach dazu, wenn zwei Menschen sich so nahekommen. Und es ist sicher eine sehr wichtige Erfahrung für Euch beide: daß man streiten und zornig werden darf, ohne deshalb die Zuneigung der anderen zu verlieren. So nervig und enttäuschend solche Krisen auch sind, hinterher werdet Ihr feststellen, daß Ihr Euch sogar noch besser versteht als vorher. Denn an Beziehungskrisen, die gemeinsam überstanden werden, kann Freundschaft wachsen.

Die wichtigsten Gründe für Konflikte mit der besten Freundin:

• Die Eltern sind gegen diese Freundschaft.

• Deine Freundin verhält sich komisch, wenn Ihr mit anderen zusammen seid, jedenfalls anders als in der Zweisamkeit.

• Sie kritisiert Dich, ist gedankenlos und hat eine grobe Bemerkung gemacht.

• Sie ist eifersüchtig und beleidigt, weil Du Dich für andere Mädchen interessiert hast.

• Sie ist unberechenbar – an einem Tag ist sie Dir ganz nahe, an anderen wieder überhaupt nicht.

• Sie mag Deinen Freund nicht oder ist neidisch, daß Du schon einen hast.

• Sie hält nicht dicht, wenn Du ihr etwas anvertraut hast.

• Du magst sie sehr – aber alle anderen verstehen nicht, warum Du ausgerechnet mit diesem Mädchen befreundest bist.

Tip: Zeig Deiner Freundin die Liste der hier aufgeführten Konfliktpunkte. Erkennt Ihr Euch in dem einen oder anderen Punkt wieder? Wenn Du akute Probleme mit ihr hast: Sprich mit einer Frau darüber, ob auch sie so etwas früher erlebt hat. Dabei kannst Du eine Menge über Frauenfreundschaften und ihre besonderen Probleme erfahren.

Was tun, wenn die Freundin in der Krise steckt?

Liebeskummer, eine unerwünschte Schwangerschaft, ein miserables Zeugnis, Ärger mit den Eltern,

Liebeskummer

eine familiäre Katastrophe – es gibt viele Dinge, die Deiner Freundin zustoßen können und bei denen sich dann zeigt, wie belastbar Eure Freundschaft ist. Egal, was Deiner Freundin ganz akut guttut – bei Dir übernachten oder sich an Deiner Schulter ausweinen –, am wichtigsten ist Dein Verständnis. Hier sind Regeln für den Umgang mit Krisenstimmungen:

• Ihr beizustehen heißt nicht, ihre Probleme zu lösen – sondern ihr zu helfen, eigene Lösungen zu finden.

• Vorsicht mit gutgemeinten Ratschlägen. Eine Freundin sollte keine Therapeutin sein, sondern jemand, der liebevoll und mit echtem Interesse zuhören kann.

• Wenn Deine Freundin nicht „darüber" sprechen kann – erzähl ihr von einer Zeit in Deinem Leben, wo Du ähnliche Probleme hattest. Schildere ihr Deine damaligen Gefühle – das hilft ihr vielleicht, ihre Scheu zu überwinden. Sagt sie Dir aber klipp und klar, daß sie mit der Sache allein fertig werden will, mußt Du das respektieren.

• Achte auf Deine eigenen Grenzen! Wenn die Schwierigkeit, mit der Deine Freundin zu kämpfen hat, Deine Möglichkeiten übersteigen (Drogenprobleme, eine Schwangerschaft) – dann ermutige sie, fachkundige Hilfe zu suchen. Begleite sie notfalls zu einer Beratungsstelle. Denk auch an die Grenzen Deiner Belastungsfähigkeit. Es kann manchmal ein Freundschaftsdienst sein, ein Gespräch zu verweigern – wenn Deine Freundin Dich mit ihren Problemen so in Anspruch genommen hat, daß Du Dich schon fast ausgebrannt fühlst.

Wenn Deine Freundin mit Selbstmord droht

♦ Nimm es ernst, wenn Deine Freundin von Selbstmord spricht.

♦ Versuch nicht, sie abzulenken („Das Leben ist doch so schön!") – so etwas verstärkt erfahrungsgemäß Depressionen. Teile ihr aber Deine Gefühle mit („Es macht mich wahnsinnig traurig, wenn Du so etwas sagst!").

♦ Auch wenn Du ihr schwören mußtest, niemandem etwas zu sagen – ziehe einen Erwachsenen ins Vertrauen. Und zwar SOFORT, wenn Du eines der folgenden Symptome wahrgenommen hast: Deine Freundin hat persönliche Sachen verschenkt; sie fängt an, sich – auch von Dir – zurückzuziehen; sie verhält sich anders als sonst.

Eltern, die Hilfe brauchen: Alkohol und die Familie

◆ *Was Du über Alkoholismus wissen mußt.* ◆ *Die Sucht und ihre Anzeichen.* ◆ *Gefährliche Folgen für Töchter.* ◆ *Was können betroffene Mädchen tun?*

Das Leben mit einem alkoholkranken Vater, mit einer abhängigen Mutter ist schmerzhaft, ob der Alkoholismus nun offen eingestanden oder totgeschwiegen wird. Kinder von Alkoholikern leiden unter der seelischen Distanz des betroffenen Elternteils und unter den Streitereien, die durch das Problem hervorgerufen werden. Sie schämen sich für das unberechenbare Verhalten der Eltern, müssen sich vielleicht sogar gegen Grobheiten und Beschimpfungen verteidigen und oft genug viel zu früh Verantwortung in der Familie übernehmen, weil die Mutter/der Vater ihren/seinen Pflichten nicht genügend nachkommen kann. Auch alle tränenreichen Entschuldigungen und Schwüre, daß alles besser wird, können diese vielen kleinen und großen Verletzungen, die Dir damit zugeführt werden, nicht heilen.

Innerlich aus der Situation lösen kannst Du Dich nur, wenn Du das (möglicherweise noch aufrechterhaltene) Versteckspiel nicht mehr mitmachst, sondern Dir die schmerzliche Wahrheit eingestehst.

Die Wahrheit über Suchtkrankheiten

Für süchtige Menschen ist die Substanz, von der sie abhängig geworden sind – egal ob Alkohol, Tabletten oder Drogen – das Wichtigste im Leben. Nicht, weil sie es wollen, sondern weil sie nicht anders können. Ihre Sucht ist eine Krankheit. Zu den typischen Suchtsymptomen gehört es, daß der/die Kranke sie nicht als solche betrachtet, sondern sie verharmlost. Und auch, daß die Kranken lange Zeit nicht bereit sind, sich behandeln zu lassen. Typisch ist auch, daß sie nach außen ein scheinbar völlig normales Leben führen: 95 Prozent aller Alkoholiker gehen einem Beruf nach, wie alle anderen Menschen auch. Alkoholismus ist nicht wirklich heilbar – der Kranke kann nur lernen, mit seiner Krankheit zu leben. Das heißt: Er muß ganz aufhören zu trinken – schon der kleinste Schluck (zum Beispiel in einer Cognacbohne) kann einen Rückfall bringen! Es ist auch deshalb so schwer für Alkoholiker, mit ihrer Sucht umzugehen, weil Alkohol – im Gegensatz zu vielen anderen Drogen – bei uns zum gesellschaftlichen Leben gehört.

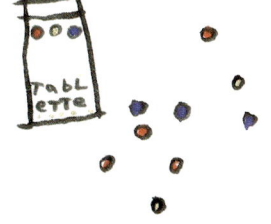

Anzeichen und Symptome

Die Übergänge zwischen „normalem" Trinken und Alkoholismus sind fließend. Daher magst Du lange Zeit in der Illusion leben, in Deiner Familie existiere kein Problem. Aber laß Dich nicht täuschen, wenn ein Elternteil folgende Symptome zeigt:
• Er ist unter Alkoholeinfluß wie ausgewechselt, sein Wesen unterscheidet sich dann stark vom nüchternen Zustand.
• Er findet immer einen Grund zum Trinken: Der Tag war schwer, es gibt eine gute Nachricht... Alkoholiker sind sehr erfinderisch darin, ihr Trinken als etwas völlig Normales hinzustellen.
• An verschiedenen Stellen im Haus sind Flaschen

versteckt – im Keller, in der Garage, hinter den Büchern, im Gewürzschrank.

• Dein Vater (Deine Mutter) kann sich oft nicht mehr erinnern, was er/sie im angetrunkenen Zustand gesagt oder getan hat. Er/sie leugnet, betrunken zu sein, versucht sich selbst und anderen Nüchternheit vorzuspielen.

Gefährliche Folgen für die Töchter

Psychologen haben ziemlich genau erforscht, wie Jugendliche reagieren, wenn über längere Zeit ein Alkoholproblem in ihrer Familie existiert. Meistens entwickeln sie eines oder mehrere der folgenden Verhaltensmuster:

Sie übernehmen Verantwortung – geben sich große Mühe, gut in der Schule zu sein, kümmern sich pflichtbewußt um den Haushalt und die Geschwister. Sie haben irgendwie das Gefühl, schuld am Problem der Eltern zu sein.

Sie werden zornig – und rebellieren. Sie schwänzen die Schule, fangen selber an zu trinken, kommen nicht nach Hause. Auf diese Weise wollen sie sich unbewußt an den Eltern rächen.

Sie nehmen es von der komischen Seite – werden zu Clowns, die alles, das ganze Leben, als Witz betrachten. Die Spannung zu Hause durchbrechen sie mit Grimassen und irrwitzigen Geschichten.

Sie stiften Frieden – greifen in die Streitigkeiten ein, wollen, daß Harmonie herrscht, fangen an, die Probleme der Familie zu beschönigen und zu leugnen. Sie fühlen sich verantwortlich für das Glück der Eltern und der Geschwister.

Diese Verhaltensmuster können sich so einprägen,

Erste Reaktionen

Der Alkoholismus eines Elternteils geht nicht spurlos an den Kindern vorbei – auch sie entwickeln nach einiger Zeit Symptome:

♦ Du schämst Dich, Freundinnen nach Hause einzuladen.

♦ Du kannst Dich nicht auf Deine Hausaufgaben konzentrieren, weil Du mit einem Teil Deiner Aufmerksamkeit beim Vater (bei der Mutter) bist.

♦ Du hast Angst, daß etwas Schlimmes passieren wird, wenn in der Familie wieder getrunken wird.

♦ Du fürchtest Dich vor Feiertagen, weil da immer getrunken wird.

♦ Du magst mit niemandem, nicht einmal mit deiner besten Freundin, über das Problem sprechen.

daß sie das ganze Leben eines Mädchens – ihre Beziehung zu anderen Menschen – bestimmen. Bekannt ist auch, daß die Töchter von alkoholkranken Eltern später besonders häufig unglückliche Beziehungen mit Männern eingehen.

Was Du tun kannst – und was nicht

Typische Reaktion der betroffenen Familie: Sie will dem Alkoholkranken helfen, von seiner Sucht loszukommen. Aber das ist der falsche Weg. Nur dem Kranken *selbst* kann seine Heilung (mit Hilfe von Fachleuten) gelingen. Suchtkranke können nicht überredet, überzeugt und auch nicht gezwungen werden, ihr Leben zu ändern. Hab also keine Schuldgefühle, wenn Du jeglichen Versuch einstellst, Deinem Vater oder Deiner Mutter zu helfen. Sieh zu, daß Du aus dem gefährlichen Dunstkreis herauskommst: Kümmere Dich um Dich selbst und um Dein Leben.

Häng nicht ängstlich zu Hause rum: Besuche Abendkurse, geh ins Fitnesstudio. Je mehr Du Dich körperlich und geistig beschäftigst, desto weniger mußt Du Dich um eine Situation grämen, die Du jetzt doch nicht ändern kannst.

Besuche regelmäßig eine Alateen-Gruppe, um Dich vor den gefährlichen seelischen Verwicklungen zu schützen. Alateen ist ein Ableger der Anonymen Alkoholiker und der Al-Anon (einer Selbsthilfegruppe für die Familie von Alkoholikern). Diese Gruppen wurden speziell für die Kinder aus alkoholkranken Familien gegründet (Kontaktadresse auf Seite 191). Du kannst sie auch besuchen, wenn Deine Eltern nicht zu den Anonymen Alkoholikern gehen.

V. ZUKUNFTSSACHEN: SCHULE, GELD UND BERUF

Lernen: Der große Spaß, der große Frust

◆ *Sind Mädchen immer noch ein bißchen benachteiligt?*
◆ *Der richtige Umgang mit Lehrern.* ◆ *Tricks für bessere Leistungen.* ◆ *Igitt eine Streberin?* ◆ *Was hilft gegen Prüfungsangst?* ◆ *So klappt der Schulwechsel besser.*

Mädchen haben heute viel mehr Chancen und Möglichkeiten als ihre Mütter oder Großmütter. Aber bis wirklich alle Vorurteile über die intellektuellen Fähigkeiten und beruflichen Begabungen von Frauen ausgeräumt sind, wird noch einige Zeit vergehen. Und wahrscheinlich muß auch noch Deine Generation – Ihr seid ja die Töchter der Frauen, die für die Gleichberechtigung kämpften – daran arbeiten, die vielen unterschwelligen Lektionen, die Frauen seit Jahrhunderten stillschweigend „geschluckt" haben, bewußt zu machen und auszulöschen.

Mädchen – in der Schule immer noch ein bißchen benachteiligt?

Theoretisch hat die Gleichberechtigung von Mädchen und Jungen in den Klassenzimmern längst stattgefunden, und alle Lehrer würden wahrscheinlich guten Glaubens behaupten, daß sie kein Geschlecht im Unterricht bevorzugen. Aber alle psychologischen Studien zeigen, daß in der Schule (ebenso wie in den Familien) viele der alten Klischees unbemerkt und halbbewußt weitergegeben werden. Ein paar Beispiele dafür – aus einer repräsentativen Untersuchung an britischen und amerikanischen Schulen: Jungen werden zweimal so oft von Lehrern gelobt wie Mädchen und fünfmal so häufig aufgerufen oder angesprochen; sie melden sich acht bis zwölfmal häufiger zu Wort als ihre Mitschülerinnen; Mädchen werden häufiger beim Fragen oder Antworten unterbrochen; Jungen bekommen mehr Hilfestellungen und werden häufiger vom Lehrer angeschaut; im Unterricht ist sechsmal öfter von männlichen Persönlichkeiten die Rede als von weiblichen; bei Jahresarbeiten über die Werke berühmter Künstler oder Schriftsteller sollen die Schüler zwanzigmal (!) häufiger über die Werke von Männern als von Frauen berichten. Ein weiteres, besonders frappierendes Ergebnis aus dieser Studie: Als man Lehrern Videofilme über Schulklassen vorführte, sagten sie anschließend, die Mädchen hätten mehr „geschwätzt" als die Jungen. In Wirklichkeit hatten die Jungen in den gezeigten Filmen den Unterricht dreimal so häufig gestört. Fazit der Psychologen: Auch in modernen Klassenzimmern regiert noch das Vorurteil, Mädchen sollten am besten den Mund halten! Ein solches Vorurteil hat große Konsequenzen: Um Erfolg im Leben zu haben, müssen Jugendliche in der Schule lernen zu „stören" – denn das heißt ja: Fragen stellen, Kritik anmelden, und auch mal ungebeten die eigene Meinung sagen!

Was kannst Du tun? Schärfe Deinen Blick dafür, ob in Deiner Schule unterschwellig Unterschiede zwischen Mädchen und Jungen gemacht werden. Du mußt deshalb nicht unbedingt auf die Barrikaden gehen! Wenn Du solche Dinge wahrnimmst, kannst Du Dich zumindest innerlich davon distanzieren. Sprich

Gute alte Mädchenschule!

Kaum zu glauben, aber wahr: Eine brandneue Untersuchung aus Amerika zeigt, daß Mädchen in reinen Mädchenschulen besser aufgehoben sind als in gemischten Klassen. Sie

◆ haben im Durchschnitt eine insgesamt positivere Einstellung zur Schule;

◆ sind aktiver am Unterricht beteiligt;

◆ haben bessere Noten in naturwissenschaftlichen Fächern;

◆ studieren später häufiger;

◆ sind selbstbewußter.

Wahrscheinliche Ursache: In gemischten Schulen kommen Mädchen im Unterricht immer noch zu kurz!

auch mit Mitschülerinnen über Deine Beobachtungen, dann könnt Ihr Euch besser wehren.

Schlage den Lehrerinnen und Lehrern vor, im Unterricht mehr über bedeutende Frauen zu berichten. Je konkreter Deine Vorschläge sind, desto ernster werden sie genommen. Zum Beispiel: Warum nur über Sokrates informiert werden und nicht auch über sein großes Vorbild – die viel zu unbekannte griechische Philosophin Aspasia?

Und vor allem: Trau Dich was im Unterricht! Glänze nicht durch „gutes Betragen", sondern durch Deine kritischen Argumente und Fragen!

Der richtige Umgang mit Lehrern und Lehrerinnen

Mit manchen geht es wie von selbst: Sie geben einen spannenden Unterricht, finden den richtigen Ton und können Konflikte im Klassenzimmer durch ihre natürliche Autorität einfach lösen. Aber dann gibt es die anderen – die Lehrer und Lehrerinnen, die einem das Leben in der Schule schwermachen. Hier sind typische Probleme, die gerade in den Pubertätsjahren auftauchen können:

Der größte Teil der Klasse liegt *mit einer bestimmten Lehrkraft ständig im Clinch.* Es hagelt Verweise, Briefe an die Eltern, Ermahnungen von der Schulleitung. *Was steckt dahinter?* Es kann natürlich sein, daß es sich bei dieser Lehrerin, diesem Lehrer, einfach um einen unfreundlichen, unangenehmen Menschen handelt. Aber sehr viel wahrscheinlicher ist, daß er/sie hilflos, unsicher, und daher einer Klasse von selbstbewußten Jugendlichen einfach nicht gewachsen ist. *Was tun?* Es gibt kein todsicheres Mit-

Ein Lernzentrum zu Hause

Du brauchst:
◆ eine große Schreibfläche, auf der Du Dich ausbreiten kannst;
◆ jede Menge Boxen, Kästen, Schubladen und Ordner;
◆ wenn möglich einen Schreibcomputer;
◆ einen großen Kalender (Jahres– und Monatsplaner);
◆ eine Kuschelecke, in die Du Dich zum Lesen oder Nachdenken zurückziehen kannst;
◆ eine Pinnwand;
◆ ein paar schöne Dinge, die Dir lieb sind und die Du gerne in der Nähe hast;
◆ eventuell ein Duftlämpchen, in dem Du anregende ätherische Öle verduften läßt, wenn Dein Kopf raucht. (Sehr gut für geistige Arbeit: Essenz von Zitronengras oder Muskateller–Salbei.)

tel in einer solchen Situation. Aber überlegt einmal gemeinsam, daß dieser Lehrer zwar theoretisch Macht über Euch hat, sich aber vielleicht unterlegen fühlt. Manchmal genügt das, um zu einem menschlicheren Umgang zu finden.

Du fühlst Dich ungerecht behandelt – entweder durch eine Benotung oder durch permanente Mißachtung oder gar Sticheleien einer bestimmten Lehrkraft. *Was steckt dahinter?* Vielleicht tatsächlich eine persönliche Antipathie (die aber Ungerechtigkeiten nicht entschuldigt). Vielleicht hat Dich der betreffende Lehrer in der „grauen, anonymen" Masse der Mitschüler noch gar nicht richtig wahrgenommen? Vielleicht liegen auch ganz einfach Mißverständnisse vor. *Was tun?* Ein Lehrer ist kein Übermensch, erwarte nicht, daß er Deine stummen Vorwürfe versteht. Sprich mit ihm unter vier Augen und teile ihm – ohne Angriffe – Deine Gefühle mit. Egal, was bei dem Gespräch herauskommt: Du hast etwas fürs Leben gelernt: Deine Gefühle ehrlich auszudrücken statt sie herunterzuschlucken. Bei einer Zensur, die Dir ungerecht erscheint, kann auch ein anderer Lehrer ins Vertrauen gezogen werden. Oder Deine Eltern wenden sich an die Schule.

Du bist in einen Lehrer verliebt – solche Schwärmereien bis hin zu verzehrender Sehnsucht gehören zur Schulzeit einfach dazu, machen das Leben an der Schule sogar (vorübergehend) attraktiver. *Was steckt dahinter?* Psychologen sehen im Verliebtsein in eine unerreichbare, ältere Person einen wichtigen Entwicklungsschritt: Leidenschaftliche Gefühle und Sehnsüchte können sich Jugendliche bei einem „sicheren Gegenüber" eher erlauben als bei einem

Was hilft gegen Prüfungsangst?

◆ AM VORABEND: Höre auf zu lernen! Nimm ein entspannendes Bad und mach Dir klar: Langfristig gesehen sind Prüfungen nur intensive und kritische MOMENTE in Deinem Leben – nicht mehr. Trinke vor dem Einschlafen eine Tasse Johanniskraut oder Melissentee. Laß Dir von einem netten Familienmitglied eine Kopf- und Nackenmassage geben.

◆ AM MORGEN: Steh so früh auf, daß Du ausgiebig frühstücken kannst. Wenn Du keinen Appetit hast, trink Milch (Kalzium stärkt die Konzentrationskraft) oder iß ein Joghurt. Wenn Du sehr angespannt bist, nimm, bevor Du aus dem Haus gehst, Bach-Blüten (homöopathische Tropfen aus der Apotheke).

◆ WÄHREND SCHRIFTLICHER PRÜFUNGEN: Zwischendurch immer wieder Nacken und Schultern lockern, tief durchatmen. Bei starkem Streß: Hände für ein paar Minuten auf die Augen legen.

Menschen, der diese Leidenschaft erwidern würde. *Was tun?* Gestatte Dir Deine romantischen Tagträume und Phantasien, teile sie mit Deiner Freundin – aber nicht mit dem angebeteten Lehrer. Er würde sich strafbar machen, wenn er Deine Signale beantwortete. Reagiert er völlig neutral auf Dich, ist das nicht der Beweis dafür, daß er Dich nicht mag – sondern daß er ein veranwortungsbewußter Lehrer ist.

Die wichtigsten Tricks für bessere Leistungen

Keine Zeit, kein Überblick, keine Lust – mit diesen typischen Barrieren gegen das Lernen stehst Du nicht allein auf der Welt. Alle Menschen – auch sehr erfolgreiche – haben ein Leben lang mit solchen inneren Hindernissen zu kämpfen. Es geht also darum, schon jetzt Techniken zu entwickeln und Erfahrungen zu sammeln, mit denen Du gut über solche Hürden kommst.

Übe Dich in der hohen Kunst des „Time-Managements" – dieses Managerwort heißt nichts anderes, als sich die Zeit bewußt und regelmäßig im voraus einzuteilen, am besten für eine Woche, in Prüfungszeiten auch für ein oder zwei Monate. Überlege Dir, was und wieviel Du an welchen Tagen lernen willst oder kannst. Werde flexibel, löse Dich von der alten Vorstellung, daß man Hausaufgaben am besten in letzter Minute erledigt. Schaff Dir einen guten Ausgleich zwischen Freizeitbeschäftigungen und Schule. Richtig büffeln und dann den „Kopf-Streß" im FitnessStudio loswerden, nach einer schweren Matheaufgabe ein bißchen Entspannung beim Klavierspiel – das sind gute Kombinationen.

Sorge für einen Platz, an dem Du Dich gut konzentrieren kannst (siehe Kasten auf Seite 174). Wenn Du zu Hause unruhig bist und abgelenkt wirst, gehe in wichtigen Arbeitsphasen in eine Bücherei.

Plane voraus, wenn Referate, wichtige Klassenarbeiten oder Prüfungen bevorstehen. Entwickle Techniken, die Dir helfen, lästiges Lernen nicht bis zum letzten Moment aufzuschieben. Am besten: Plane Zwischentermine vor dem eigentlichen Abgabetermin ein. Wenn Du ein Referat in drei Wochen zu halten hast, setze Dir ein Zeitlimit für das Sammeln von Material, einen Termin, wann Du eine grobe Struktur fertighaben mußt und eine präzise Frist für das Fertigschreiben.

Beobachte Deinen Lernrhythmus über eine längere Zeitspanne hinweg – und richte Dich auf ihn ein. Wenn alle zwei Stunden Deine Konzentration sinkt, lege Pausen ein, oder wende Dich zumindest einem anderen Fach zu.

Die „Ich-Weiß-nicht-Falle"

Kennst Du Testbögen, auf denen man vorgegebene Antworten ankreuzen muß? Oft lautet eine der darauf vorgegebenen Antworten: ICH WEISS NICHT. Als Schulpsychologen feststellten, daß Mädchen die „Ich–weiß-nicht"-Antwort häufiger ankreuzen als Jungen (vor allem in jenen Wissensbereichen, die traditionell als Männersache gelten – wie Sport, Auto, Verkehr, Naturwissenschaften), starteten sie eine Untersuchung. Sie verteilten Fragebögen zu diversen Wissensgebieten ohne diese Antwortmöglichkeit. Die Schülerinnen waren also durchweg gezwungen, IHREM WISSEN UND IHRER INTUITION ZU VERTRAUEN. Das verblüffende Ergebnis: Auf diesen bereinigten Testbögen schnitten die Mädchen in allen Gebieten genauso gut ab wie die Jungen, in Mathematik sogar besser.

Plane am Ende jeder Woche eine Stunde ein, in der Du den gesamten Stoff der letzten Woche noch einmal rasch, aber konzentriert durchschaust.

Nutze Teamarbeit! Hausaufgaben oder Prüfungsvorbereitungen fallen in einer Gruppe leichter. Die Erfahrung zeigt, daß es mehr bringt, mit drei oder vier Mitschülerinnen zu lernen, als sich mit der besten Freundin allein zusammenzusetzen.

Versuche, auch langweiligen Schulstoff einmal mit anderen Augen zu sehen. Viele Fächer und Informationen, die Dir jetzt lebensfremd und bedeutungslos erscheinen, können Dir später nützlich sein. Du hast keine Möglichkeit, das jetzt schon sicher abzuschätzen. Außerdem entwickelst Du gerade bei scheinbar langweiligen Schulfächern eine Fähigkeit fürs Leben: Disziplin. Keine noch so aufregende Arbeit, die Du später tun wirst – sei es als Schauspielerin oder als Wissenschaftlerin – ist ganz frei von langweiligen Momenten.

Belohne Dich! Plane vor allem in harten Lernphasen Momente der Entspannung ein. Setze Dir ein Zeitlimit, damit Du Deine Aerobicstunde oder Deine Lieblingssendung im Fernsehen nicht versäumst.

Igitt eine Streberin!

In manchen Schulen ist es „in", gute Noten zu haben und viel zu lernen, in anderen gilt es als „cool", wenig oder möglichst gar nichts zu tun. Der Gruppendruck kann so stark sein, daß auch motivierte Schüler weniger arbeiten, als sie eigentlich möchten. Für Mädchen kommt in gemischten Schulklassen ein weiteres Problem dazu: Da sie in ihrer Entwicklung den männlichen Mitschülern voraus sind, haben sie oft auch schon eine reifere Einstellung zum Lernen und werden von den (noch) verspielteren Jungen als „Streberinnen" verschrien. Was tun, wenn Du in die Situation kommst, scheinbar zwischen Beliebtheit und guten Noten wählen zu müssen?

Überlege Dir, ob Du in der Vergangenheit vielleicht tatsächlich allzu sehr mit Deiner Intelligenz glänzen wolltest. Wenn ja – frage Dich warum. Glaubst Du, daß man Dich nur wegen Deiner Leistungen mögen kann? Oder willst Du bestimmte Mädchencliquen auf diese Weise von Dir fernhalten?

Freundschaften sind bedeutsam – aber Du selbst bist es auch. Es ist wichtig für Deine Entwicklung, Dein Potential und Deine Begabungen voll auszuschöpfen. Freunde, die das nicht so sehen können, sind keine wirklichen Freunde.

Wenn Du bemerkst, daß die Jungen Deiner Klasse über Dich spötteln – betrachte das als eine Übung für später. Auch später werden Dir immer wieder Männer begegnen, die Angst vor intelligenten Frauen haben und über Dich herziehen. Suche Kontakt mit Jungen, die ein oder zwei Klassen über Dir sind – und gib den Gleichaltrigen noch etwas Zeit, reifer und selbstbewußter zu werden.

Schulwechsel: So klappt der Neuanfang besser

Es gibt eigentlich nur drei Gründe, die einen Schulwechsel notwendig machen können: Entweder Deine Eltern ziehen um – was einen neuen Wohnort, neue Freunde und eine neue Schule für Dich bedeutet. Oder Deine Eltern erwägen, Dich in ein Internat zu geben. Oder Deine Leistungen sind stark abgesackt, und Du sollst aus diesem Grund in eine

◆ INTERNAT UND FAMILIE: Der Kontakt zur Familie wird zwangsläufig etwas lockerer – was jedoch für viele Jugendliche von Vorteil sein kann. Nicht nur, wenn das Familienklima schlecht ist, sondern auch, weil jedes Kind in der Familie eine ganz bestimmte Rolle spielt („Unserer Kluge", „unsere Kleine" usw.), die es im Internat ablegen kann.

◆ DER RICHTIGE ZEITPUNKT? Frühestens mit 12 Jahren, besser erst mit 14 oder 15. Am besten dann, wenn eine Jugendliche selber den Wunsch verspürt. Der aus einer Notlage heraus gewählte Zeitpunkt – Familienkrise und Scheidung – ist leider oft der schlechteste: Viele Kinder fühlen sich dann zunächst „abgeschoben".

Privatschule oder in ein Internat überwechseln.

Was immer die Gründe für den Schulwechsel sind: Zum privaten Streß, der fast immer dahintersteckt, kommt die Krise eines Neuanfangs in einem unvertrauten Milieu. Du brauchst viel Geduld – mit Dir selbst – und den anderen. Es ist ganz normal, daß ein so einschneidender Wechsel nicht leicht und problemlos zu meistern ist.

Gib der neuen Schule gedanklich eine Chance, schon bevor Du dort ankommst. Mach Dir klar, daß es dort vielleicht ein Kollegium gibt, das Deine Begabungen besser erkennt und fördert. Oder nette Mitschülerinnen, mit denen Du Dich womöglich sogar schneller verstehst als mit Deinen bisherigen Klassenkameraden. Natürlich wirst Du Dir nach den ersten Tagen ein Urteil bilden – aber sei flexibel. Erlaube Dir, Deine Meinung noch zu ändern.

Gib auch Lehrern und Mitschülern eine Chance. Natürlich werden sie sich zunächst indifferent verhalten, was nicht heißt, daß sie Dich nicht mögen. Halte Dich nicht ängstlich an dem Mädchen oder dem Jungen fest, mit dem Du bereits ein paar Worte gewechselt hast, sondern nimm Dir bewußt vor, jeden Tag ein oder zwei andere Schülerinnen anzusprechen. Am besten sind kurze Kontakte, bei denen Du irgendwelche Auskünfte einholst.

Wenn Du bereits erste Kontakte hast, vergleiche im Gespräch die neue Schule nicht ständig mit Deiner alten.

Nimm' an schulischen Aktivitäten außerhalb des Unterrichts teil. Beim Sport, in Theater- und Musikgruppen oder bei der Redaktion der Schülerzeitung knüpfst Du leichter neue Kontakte.

Beruf und Zukunft: Wünsche, Träume, Wege

◆ *Was will ich einmal werden?* ◆ *Vorsicht vor „Frauenberufen"!* ◆ *Keine Angst vor Computern.* ◆ *Liebe und Karriere – wie bringen Frauen das zusammen?* ◆ *Frauen in Top-Positionen – wie sie es wurden.* ◆ *Geld und Frauen – eine schwierige Beziehung.*

Zukunft: eine herrliche Aussicht! Endlich unabhängig sein, eigenes Geld verdienen, natürlich in einem Beruf, der Spaß macht. Und dazu die Freiheit, über jede Minute des Lebens selbst zu verfügen. Oder: Zukunft – ein schrecklicher Gedanke! So viele Pläne und Wünsche – wie kann ich die unter einen Hut bringen? Und so viele Berufsmöglichkeiten – wie soll ich die richtige Wahl treffen?

Fast alle Jugendlichen schwanken in ihren Gefühlen zwischen diesen beiden Extremen hin und her, fühlen sich bei aller Freude am Erwachsenwerden auch beklommen, fast überfordert von der Vorstellung, daß sie schon jetzt Weichen für das ganze Leben stellen sollen.

Zeit lassen mit der Entscheidung

In Phasen der Mutlosigkeit hilft die entspannende Einsicht: Du kannst jetzt beim besten Willen noch nicht wissen, wie Dein Weg einmal verlaufen wird. Auch deshalb, weil unsere Welt sich so schnell verändert, daß die Berufswelt schon morgen ganz anders aussehen kann als heute. Vieles deutet darauf hin, daß in Zukunft von den Menschen sehr viel mehr Anpassungsfähigkeit und Flexibilität erwartet wird als von allen Generationen zuvor. Für viele wird es vielleicht gar nicht mehr den einen richtigen Beruf fürs ganze Leben geben. Sie brauchen als Rüstzeug eine Ausbildung, die es ihnen ermöglicht, mehrmals zu wechseln und sich neu zu orientieren. Ganz konkret gilt für Dich in Deiner jetzigen Situation: Je mehr Grundausbildung Du Dir aneignest – von Fremdsprachen bis zur Informatik –, desto mehr Türen kannst Du später öffnen. Nutze die Zeit, solange Deine Eltern für Dich sorgen und Du noch nicht Dein eigenes Leben finanzieren mußt, um soviel unterschiedliche Dinge zu lernen wie möglich.

Was will ich einmal werden?

Ob ein Beruf Spaß macht, hängt nicht in erster Linie davon ab, wieviel Geld er bringt. Deine Persönlichkeit und Deine individuellen Neigungen sind ausschlaggebend. Stelle Dir einmal folgende Fragen:

Was tue ich in der Freizeit am liebsten? Bist Du in jeder freien Minute auf dem Tennisplatz oder im Tanzstudio, wirst Du als Bankangestellte oder Sekretärin zwar überleben, als Sportlehrerin aber mehr Spaß am Leben haben. Verziehst Du Dich am liebsten mit einem Buch in Dein Zimmer, kann Dir eine Tätigkeit im Verlag oder als Buchhändlerin liegen. Bist Du in Deiner Freizeit am liebsten unter Leuten, macht Dich ein Beruf, der Dich an einen einsamen Schreibtisch, in ein einsames Labor verbannt, sicher nicht glücklich. Hast Du handwerkliche oder künstlerische Hobbys, wird Dich ein rein intellektueller Beruf vielleicht nicht so erfüllen wie eine Laufbahn

Achtung:
Zoo-Effekt!

Vor hundert Jahren erregte Catherine Horsböll, eine der ersten Tischlergesellinnen Europas, in Kopenhagen Aufsehen. In einem zeitgenössischen Buch heißt es: „Um ihren Lebensunterhalt zu verdienen, sah sie sich genötigt, sich um eine Arbeit zu bemühen, aber bei allen Meistern, bei denen sie sich meldete, wurde sie nur MIT STAUNEN, BEINAHE MIT SCHRECK empfangen; ein weiblicher Geselle kam ihnen ebenso unerhört vor, als wenn eine Nixe sich als Verkäuferin hätte melden wollen. Endlich kam sie eines Tages zum Tischlermeister Achenbach in der Hornstraße: Wie sie ihm ihre Sache unterbreitete, nahm er sie bei der Hand und führte sie als eine SELTENE KURIOSITÄT in seine Werkstatt, um sie dem Personal zu zeigen. Das Staunen und die Neugierde war allgemein – aber sie wurde angenommen. Als sie sich am nächsten Morgen zur Arbeit einfand, schielten die Gesellen sie an und meinten, sie wäre wohl nicht ganz bei gesunden Sinnen. Aber wie sie sahen, daß sie Hobel und Säge ebenso gut zu führen wußte wie sie selbst, sammelten sie sich alle um den neuen Gesellen und bestürmten sie mit Fragen…"

MÄDCHEN IN MÄNNERBERUFEN – noch immer werden sie bei der Lehre oder Ausbildung erst mal begafft wie ein EXOTISCHES TIER und mit überzogenen Ansprüchen und Vorurteilen belastet. Daran hat sich in den letzten 100 Jahren nicht viel geändert!

als Fotografin, Goldschmiedin oder Stoffdesignerin.

Wie möchte ich gerne leben? Viele Berufe bringen Unruhe ins Leben. Im gesamten Dienstleistungsbereich, im Hotelfach und im Gesundheitswesen z.B. ist

es normal, auch dann zu arbeiten, wenn andere Leute Feierabend haben. Viele Karrieren bringen Dienstreisen mit sich, längere Aufenthalte im Ausland (zum Beispiel in der Entwicklungshilfe). Mehr Ruhe versprechen dagegen Berufe, in denen man meist am Schreibtisch sitzt, bis hin zum sprichwörtlich geregelten Beamtendasein. Bist Du ein Mensch, der

durch plötzliche Veränderungen und kurzfristigen Termindruck in Panik gerät? Durchlebst Du vor Reisen häufig ein kleines Stimmungs-Tief? Dann ist ein hektisches Berufsleben vielleicht nicht so sehr Dein Fall. Schau auch mal Deinen Arbeitsrhythmus an: Macht es Dir wenig aus, vor Prüfungen mal eine Nacht durchzuarbeiten – oder brauchst Du Deinen gewohnten Tagesablauf, um Dich wohlzufühlen? Solche Überlegungen können einen Hinweis darauf geben, ob Du Berufe mit Schicht- oder Nachtdienst (zum Beispiel im Krankenhaus) psychisch gut verkraften würdest.

Wie ist meine Einstellung zur Schule und zum Lernen? Bist Du eine motivierte oder eher gleichgültige Schülerin? Empfindest Du den Lernstoff als interessant und lohnend? Oder kannst Du es kaum erwarten, die Schule endlich hinter Dir zu lassen und etwas „Handfesteres" zu tun? Wenn Du wenig Spaß am Lernen hast, ist es nicht sehr sinnvoll, aus Prestigegründen an die Schule noch eine akademische Laufbahn anzuhängen.

Welches ist mein Lieblingsfach in der Schule? Wenn Dich naturwissenschaftliche Fächer am meisten interessieren, könntest Du eine Laufbahn im medizinischen Bereich oder in der Forschung anstreben. „Mathematikerinnen" müssen nicht Lehrerin werden; für sie kommen auch Berufe in Unternehmens- und Steuerberatung oder als Pilotin in Frage. Faszinieren Dich Menschen, kann eine therapeutische Laufbahn der richtige Weg sein. Wichtig auch hier: Eine gute Ausbildung ist ausschlaggebend! Wenn Du die besten Aufsätze der Klasse schreibst, bist Du trotzdem (noch) keine Journalistin (dafür gibt es

Keine Angst vor Computern

Viele Untersuchungen zeigen, daß junge Mädchen ebenso wie erwachsene Frauen eine weitaus kritischere bis ablehnende Haltung gegenüber Computern haben als Jungen und Männer. Sie werden von ihnen häufig als „unmenschlich", „ungesund" und geistig „verdummend" geschildert. Die Kluft wird schon in den Familien deutlich: Der Heimcomputer gehört den Männern! Väter tüfteln in der Freizeit an ihren Programmen, Jungen sitzen vor ihren Telespielen. Auch wenn die Computer-Manie ihre Tücken und Gefahren hat – der weibliche Widerstand gegen Computer ist noch gefährlicher! Die Arbeitswelt wird von Computern regiert, ob wir es wollen oder nicht. Wer beruflich vorankommen will, muß lernen, damit umzugehen. Daher gilt auch für Mädchen: RAN AN DEN HEIMCOMPUTER! Bei der Textverarbeitung lernt man ebenso wie bei den umstrittenen Computerspielen (die werden ohnehin schnell langweilig!) schon die Basics der Computersprache kennen.

Schulen!). Wenn Du schöne Fotos machst, mußt Du trotzdem eine Fotoschule besuchen, um eine gute Fotografin zu werden.

Welches sind meine Traumberufe? Model, Schauspielerin, Stewardeß – wenn Dir so etwas vorschwebt, sieh mal ganz realistisch, was so ein Traumjob wirklich bedeutet. Eine Stewardeß beispielsweise ist viel von zu Hause weg, lebt vorwiegend in Hotels und ist stundenlang unter erschwerten Bedingungen auf den Beinen. Außerdem: Sei ehrlich! Wenn Du nur 165 cm groß bist, wirst Du bei aller Schönheit kein Model. Aber andere Laufbahnen, die mit der neuesten Mode zu tun haben, stehen Dir offen – von der Stylistin bis zur Modejournalistin.

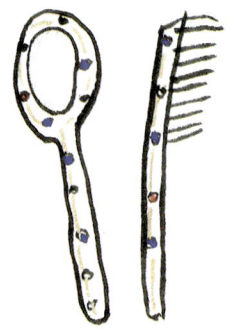

Theoretisch stehen heute alle Berufe auch den Mädchen offen. Aber eben nur theoretisch. Neben den äußeren Widerständen, die den Einstieg in bestimmte – traditionell „männliche" – Berufslaufbahnen erschweren, sind es vor allem eigene Denkgewohnheiten und Vorurteile, die Mädchen scheinbar automatisch in die sogenannten „Frauenberufe". Seit Jahren unverändert sind das die Spitzenreiter unter den Berufen für Mädchen:

„Frauenberufe" – eine Sackgasse?

1. Friseurin
2. Verkäuferin
3. Bürokauffrau
4. Industriekauffrau
5. Verkäuferin in der Nahrungsmittelbranche
6. Arzthelferin.

Diese klassischen „Frauenberufe" haben erhebliche Nachteile: Sie verlangen in erster Linie „weibliche" Tugenden, wie Geduld und Anpassungsbereitschaft, bieten wenig Aufstiegschancen, werden vergleichsweise schlecht bezahlt und genießen eine geringe soziale Wertschätzung. Das sollte jede junge Frau bedenken. Und sich auch nicht von dem immer noch häufig vorgebrachten Argument beirren lassen, alles, was sie in diesen Berufen lerne, komme ihr später bei der Haushaltsführung zugute.

Liebe und Karriere – beides geht!

Für Männer ist es scheinbar kein Problem: Sie wollen natürlich beides – Karriere machen und das Glück einer Familie erleben. In Wirklichkeit aber funktionierte das über Jahrhunderte nur, weil die Frauen ihnen die „Familien-Arbeit" abnahmen. Heute haben sich die Verhältnisse geändert: Auch Frauen wollen berufstätig sein, *und* sie wollen Kinder bekommen. Weil sie das alte, bewährte Modell der Arbeitsteilung aufgekündigt haben, liegt (ungerechterweise) die Last noch weitgehend bei ihnen, beides unter einen Hut zu bekommen.

Auch für Dich wird sich dieses Problem stellen, und zwar bereits bei der Berufswahl. Es ist wichtig, daß Du Dir gewisse Vorurteile bewußt machst, die sich unbemerkt vielleicht auch bei Dir eingeschlichen haben. Und daß Du Argumente parat hast, um anderen – vielleicht sogar Deinen Eltern – Deine Überlegungen zu erklären.

Es stimmt zum Beispiel nicht, daß die meisten Frauen nur deshalb berufstätig sind, weil sie „sich selbst verwirklichen" wollen! Die Mehrzahl aller arbeitenden Frauen müssen aus wirtschaftlichen Gründen Geld (dazu-)verdienen. Frauenarbeit ist kein Luxus! Aber auch Selbstverwirklichung ist keiner!

Es ist falsch zu glauben, daß ein Mädchen eine weniger gute Ausbildung, einen weniger guten Beruf braucht, weil sie sich ja ohnehin früher oder später – für ein paar Jahre wenigstens – ihrer Familie widmen wird. Alle Erfahrungen zeigen: Je qualifizierter die Arbeit einer Frau, desto eher läßt sie sich mit dem Kinderkriegen verbinden. Kinder kosten Geld – Frauen in guten Berufen haben davon mehr. Und: Je

Das Drei-Phasen-Modell

◆ DIE ERSTE PHASE: Nach vollendeter Ausbildung mehrere Jahre Berufspraxis. Die Karriere steht auf sicherem Boden, bevor ein Kind kommt. Mit einer soliden beruflichen Grundlage, zu der Du – nach dem Erziehungsurlaub – zurückkehren kannst, fällt die Entscheidung für ein Kind leichter. Nach ausreichender Berufserfahrung und den dazugehörigen Verbindungen kannst Du in manchen Berufen auch eine freiberufliche Tätigkeit erwägen, die sich mit der Kinderbetreuung vereinbaren läßt.

◆ DIE KINDERPLANUNG: Die besten Jahre sind die bis 35 – länger solltest Du den Kinderwunsch nicht hinausschieben.

◆ DIE ZWEITE PHASE – Erziehungsurlaub. Das Gesetz sichert berufstätigen Müttern eine dreijährige Babypause bei Arbeitsplatzgarantie und ununterbrochenen Sozialleistungen (Arbeitslosen-, Renten – und Krankenversicherung) zu. Während der Babypause müssen sich Frauen überlegen, ob sie noch ein paar Jahre dranhängen und gleich ein zweites Kind bekommen.

◆ DIE DRITTE PHASE: So rasch wie vertretbar zurück in den Beruf. Planst Du, langfristig freiberuflich zu arbeiten, solltest Du trotzdem erst ein (paar) Jahr(e) an einen festen Arbeitsplatz gehen – andernfalls fällt der Schritt zurück in den Beruf vielleicht zu schwer.

Geld ist auch für Frauen da!

Die Welt des Kapitals, der Wirtschaft und der Banken ist nicht gerade eine Frauen-Domäne. Jedenfalls noch nicht. Mehr als 90 Prozent des Weltkapitals liegen in Männerhand. Und in der gesamten Menschheitsgeschichte waren – mit wenigen Ausnahmen – Finanz– und Wirtschaftsbosse immer Männer. Kein Wunder also, daß die meisten Frauen auch heute noch zu Geld eine schwierige Beziehung haben. Als immer noch „typisch weiblicher" Umgang mit Geld gelten folgende Verhaltensweisen:

◆ Frauen sind sparsam mit tatsächlichem Geld (Münzen und Scheinen), aber nachlässig mit Zahlen, die nur auf dem Papier stehen. In der Praxis heißt das leider: Sie sparen an kleinen Summen, sind oft ungeschickt mit Kapital.

◆ Bei eigenen Geldanlagen bevorzugen sie sehr sichere, daher kleine Lösungen. Eine sichere Geldanlage mit kleinem Gewinn ist ihnen also lieber, als mal was zu riskieren.

◆ Sie sind oft Meisterinnen im Umgang mit kleinen und knappen Summen – daher in Betrieben gute Buchhalterinnen. Selber ein Unternehmen zu starten und dafür einen großen Existenzgründungs-Kredit bei der Bank aufzunehmen, fällt ihnen schwer.

◆ Bei Gehaltsgesprächen haben sie einen abwertenden Verhandlungsstil. Das wird ihnen als Schwäche ausgelegt und mit Einkommensminderungen „bestraft". Männer dagegen sind es gewohnt, knallharte Forderungen zu stellen und sich notfalls herunterhandeln zu lassen.

besser der Job, desto weniger Angst müssen Frauen haben, ihn zu verlieren, wenn Kinder kommen.

Auch das Argument „Hauptsache der Mann verdient gut!" stimmt nicht mehr. Die Gefahr, daß eine Partnerschaft zerbricht, ist heute größer als je zuvor. Und auch bei der glücklichsten Verbindung gilt grundsätzlich: Es gibt keine emotionale Unabhängigkeit ohne wirtschaftliche Eigenständigkeit. Eine gleichberechtigte Beziehung ist sehr schwer, wenn eine Frau nicht über eigene Berufserfahrung, eigenes Geld verfügt.

Alle bisherigen Untersuchungen zeigen, daß schulische Leistungen, IQ-Werte, emotionale und soziale Entwicklung von Kindern berufstätiger Mütter kein bißchen schlechter sind als die von Kindern, deren Mütter ganztägig den Haushalt versorgen. Fazit: Es ist falsch, zu denken: Ich will einmal eine Familie und Kinder haben, deshalb ist mir der Beruf nicht so wichtig! Es ist richtig, zu sagen: Ich werde einmal Familie und Kinder haben, deshalb ist mir meine Berufsausbildung besonders wichtig!

Frauen an der Spitze
– wie sie sind und wie sie es wurden

Managerinnen, Politikerinnen, Unternehmerinnen – auf der ganzen Welt gibt es Frauen in Spitzenpositionen, und längst ist das Vorurteil widerlegt, sie seien männlich, unattraktiv und als Frauen Versagerinnen. In Wirklichkeit haben sie oft beides – beruflichen Erfolg und Erfolg bei Männern! Sind solche Frauen Ausnahmemenschen, hochbegabte Genies? Keineswegs. Es sind ganz normale Menschen – von denen Du einiges lernen kannst. Hier sind die wichtigsten

Ergebnisse einer großen Untersuchung (der englischen Soziologin Rosalind Miles) über die Persönlichkeit von Erfolgsfrauen und die Einflüsse, die sie geformt haben.

Die Mutter. Je unkonventioneller die Mutter, je weniger sie sich mit der reinen Hausfrauenrolle identifiziert, desto größer die Wahrscheinlichkeit, daß die Tochter beruflichen Ehrgeiz entwickelt. Dabei ist nicht entscheidend, daß die Mutter selber berufstätig ist. Allerdings haben viele Erfolgsfrauen doch Mütter, die irgendwann einen Beruf hatten und stolz darauf waren.

Der Vater. Seine Unterstützung und Zuneigung für die Tochter scheint eine Schlüsselrolle zu spielen. Die große Mehrheit aller befragten Erfolgsfrauen berichtete: Mein Vater hat mir immer alles zugetraut!

Die Großmütter. Sie sind erstaunlicherweise ebenfalls einen Schlüsselfaktor in der Biographie der Erfolgsfrauen. Eine starke Persönlichkeit als Oma – egal ob die Enkelin sie mag oder nicht – vermittelt einem Mädchen das Gefühl, das jüngste Glied in einer „Kette starker Frauen" zu sein.

Geschwister. Nach dieser britischen Untersuchung scheinen Mädchen mit jüngeren Geschwistern (Brüdern) besonders motiviert zu sein, beruflich an die Spitze zu kommen.

Kindheit. Erstaunlich aber wahr: Eine besonders harmonische Kindheit scheint eine Karriere weniger zu fördern als eine stürmische Biographie – mit familiären Krisen, Umzügen, Neuanfängen.

Ausbildung. Je qualifizierter – desto besser: Selfmade-Frauen, Tellerwäscherinnen, die es zur Millionärin schaffen – gibt es so gut wie nicht. Übri-

Ein eigenes Konto

... kannst Du bereits als Kind bei Banken oder Sparkassen eröffnen, wobei ein Elternteil bis zu Deiner Volljährigkeit Vollmacht darüber hat. Es ist gut, wenn Du so früh wie möglich übst, selbständig Bankgeschäfte zu tätigen.

◆ EIN SPARKONTO IST SINNVOLL, wenn Du gespartes Taschengeld, Geldgeschenke oder Einkünfte auf die hohe Kante legen möchtest. Die Bank arbeitet mit Deinem Geld und gibt dafür Sparzinsen. Je länger die Kündigungsfrist, die Du mit der Bank ausmachst, desto höher ist der Zinssatz. Erkundige Dich bei der Bank danach.

◆ EIN GIROKONTO – bei der Post, Bank oder Sparkasse – lohnt sich nur, wenn Du schon Geld verdienst oder zumindest gelegentliche Einnahmen hast, die Dir überwiesen werden. Sinnvoll ist es eigentlich erst, wenn Du Geldverkehr bargeldlos regeln mußt, also selber Zahlungen und Überweisungen tätigst. Wichtig: Girokonten kosten Gebühren und bringen nur niedrige Zinsen. Manche Banken räumen schon Jugendlichen einen kleinen Überziehungskredit ein (kostet aber Zinsen!) und geben Scheckkarten aus, mit denen man Geld an Automaten ziehen kann (was aber auch Gebühren kostet und viel Disziplin in Gelddingen von Dir verlangt).

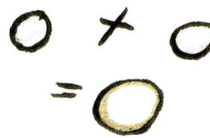

Machtgefühle

Prüf mal, ob Du den folgenden
Aussagen zustimmen kannst:
- ◆ Macht verdirbt immer den
Charakter!
- ◆ Mächtige Frauen sind un-
weiblich!
- ◆ Machtpositionen sind eine
schwere Bürde!

Wenn auch Du das glaubst, bist
Du bereits geprägt von den typischen Vorurteilen, mit denen
Ohn-Mächtige (dazu gehören
Frauen!) von der Macht ferne-
gehalten werden sollen. In Wirklichkeit ist es eine große Her-
ausforderung, ein Abenteuer
und ein Hochgenuß, Macht zu
haben! Wie Du mit ihr umgehst,
kannst Du dann selbst entscheiden. Macht und Macht-
mißbrauch sind zwei verschiedene Dinge!

gens: Frauen mit einem abgeschlossenen Jurastudi-
um haben – zumindest in England und den USA –
besonders gute Chancen, den Weg an die Spitze zu
schaffen.

Familie. Etwa die Hälfte aller Erfolgsfrauen in dieser Untersuchung hatte Kinder. Beziehungen – mit
oder ohne Trauschein – hatten *alle.* Durchgängig ver-
traten diese Frauen die Ansicht, daß sie lernen mußten, Arbeit zu delegieren. Sie hatten nicht das Gefühl,
daß eine Frau, die beides haben will – Kinder und
Karriere – auch alles selber tun muß. Fazit: Sie waren frei von jenen Märtyrergefühlen oder Aufopfe-
rungstendenzen, die Frauen früherer Generationen
so häufig äußerten.

Auch wenn eine berufliche Karriere für Dich jetzt
(noch) kein wichtiges Lebensziel scheint, kannst Du
von diesen „Erfolgsfrauen" etwas Wichtiges ab-
schauen: Daß Mädchen alle Wege offenstehen, wenn
sie bereit sind, sie zu gehen.

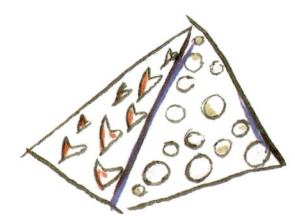

HILFREICHE ADRESSEN

Wenn Du Fragen hast zu Sexualität, Empfängnisverhütung, Schwangerschaft, erfährst Du die Adressen
der örtlichen Beratungsstellen beim

Bundesverband der Pro Familia,
Stresemannallee 3, 60596 Frankfurt
Tel.: 069/639002.

Adressen der örtlichen Schwangerschafts-Beratungs-
stellen (Konfliktberatung vor einem Abbruch) bekommst Du beim

Bundesministerium
für Familie und Senioren in Bonn,
Tel.: 0228/3060.

Bei sexuellem Mißbrauch und Inzest helfen die re-
gionalen Anlaufstellen von

Wildwasser,
Wallufer Str. 1, 65197 Wiesbaden,
Tel.: 0611/808619.

Bei Alkoholismus in der Familie erfährst Du die
Adressen der örtlichen Selbsthilfegruppen für Jugendliche bei

AL-Anon Familiengruppen
Interessengemeinschaft e.V.,
Emilienstr. 4, 45128 Essen, Tel.: 0201/773007.

Bei Eßstörungen (Magersucht, Bulimie) bekommst
Du die Adressen der örtlichen Selbsthilfegruppen
von

OA (Overeaters Anonymous),
Tel.: 0421/327224.

Brigitte-Themen als Brigitte-Bücher

Die neue Gymnastik
Von Iris Bader und
Christa Möller

Fit & Schön
Bewegung, Entspannung,
Ernährung, Gesundheit
Von Karin Felix

Schön sein
Von Ingeborg Wittmann

Die neue Brigitte-Diät
Von Helga Haseltine und
Marlies Klosterfelde-Wentzel

Brigitte-Vollwert-Diät
Von Barbara Rias-Bucher

Leichter essen
200 Gourmet-Rezepte
ganz ohne Cholesterin
Von Barbara Rias-Bucher

Vollwert-Menüs
Von Barbara Rias-Bucher

Fleischlos glücklich
Neue Rezepte
Von Barbara Rias-Bucher

Kochen für zwei
Von Inge Schiermann

Kochen für Gäste
Von Inge Schiermann

Brigitte-Rezepte
Die 300 beliebtesten
Sammelrezepte aus Brigitte

So kocht Italien
Von Rotraud Degner

100 Fragen zur Ernährung
Von Elisabeth Lange

100 Fragen zum Schlaf
Von Petra Oelker

100 Fragen zur Sonne
Von Susanne Mersmann

100 Fragen
zur Sexualität der Frau
Von Margaret Minker

Kinderfeste
Von Gisela Könemund

Kinder basteln
Von Gisela Könemund

Spiel doch mit
20 neue Würfelspiele
mit Original-Spielplänen
Von Gisela Könemund

Ich schenk dir was
Kinder basteln zu Weihnachten
Von Gisela Könemund

Mode Klassiker
selber nähen
Von Antje von der Heyde

Neues Nähen
Von Käthe Fischer und
Antje von der Heyde

Sticken
10 verschiedene Techniken
Wunderschöne Geschenke
Von Kathrin Behrens und
Ariane Heyduck

Heiraten
Das genaue Drehbuch für
das schönste Fest Ihres Lebens
Von Hannelore Krollpfeiffer

Oh Baby...
Das hatte ich mir ganz anders
vorgestellt. Erfahrungen von
Frauen beim ersten Kind.
Von Regine Schneider

Selbst Nachtigallen
soll es noch geben
Gedichte von Anne Steinwart
mit farbigen Collagen
von Cornelia von Seidlein

wer hat schon flügel
Gedichte von Anne Steinwart

Den Arm voller Blumen
für euch
Gedichte

Weil es nichts
Schöneres gibt
Liebesgedichte

Tränen ersatzlos gestrichen
Gedichte von Frauen

Nähe ganz nahe Nähe
Gedichte vom Leben zu zweit

Woher kommt die
Hoffnung
Gedichte

Wir zwischen Himmel
und Erde
30 Kurzgeschichten

Mädchen
Ein Ratgeber für die Jahre
zwischen 12 und 16
Von Sabine Schwabenthan
und Vivian Weigert

Empfängnisverhütung
Von Angelika Blume

Wechseljahre
Aktualisierte Ausgabe
Von Sylvia Schneider

Was Frauen über Geld
wissen sollten
Von Eva Dörpinghaus

Frauen machen sich
selbständig
Von Erika Markmann

Frauen steigen wieder ein
Von Ute Ehrhardt und
Wilhelm Johnen

Wenn Sie mich so fragen
Rosemarie von Zitzewitz gibt
Antworten auf Benimmfragen

Mit eigenen Augen sehen
Selbstliebe lernen
Körpergefühl verbessern
ein Handbuch für Frauen
von Margaret Minker

Selbstsicher reden
Ein Leitfaden für Frauen
Von Christiane Tillner
und Norbert Franck

Psycho-Spiele
Von Oskar Holzberg
und Claudia Clasen-Holzberg